Dieter Kinderm[illegible] · Klostergesch[illegible]

DIETER KINDERMANN

KLOSTER GESCHICHTEN

Zum Schmunzeln und zum Nachdenken

K&S

www.kremayr-scheriau.at

ISBN 978-3-218-00804-4

Schutzumschlaggestaltung: Kurt Hamtil
unter Verwendung eines Fotos von Corbis/Philippe Lissac
Typografische Gestaltung: Kurt Hamtil
Druck und Bindung: Druckerei Theiss GmbH, St. Stefan i. Lavanttal

INHALT

EINLEITUNG

Die Filmwelt hat Kirche, Klöster, Mönche längst wiederentdeckt. Durch Umberto Ecos „Der Name der Rose“ mit Sean Connery, Ron Howards „Vatikan“-Thriller „Illuminati“ usw. Hollywood lässt grüßen – von der Realität weit entfernt, wie so oft. Es stimmt schon – es ist eine andere Welt, die Geschichte atmet. Von Mystik umweht, von Gebeten, gregorianischen Chorälen erfüllt. Nach der benediktinischen Formel „Ora et labora“ (Bete und arbeite). Über Jahrhunderte haben sie unermessliche Kunstschätze, Werte bewahrt, verteidigt und bis heute weitergegeben. Die Augustiner-Chorherren, Benediktiner, Franziskaner, Prämonstratenser usw. Es ist eine Gratwanderung, ein Spagat zwischen Gestern und Heute, Höhen und Tiefen, Freud und Leid, Nostalgie und Wirklichkeit.

„Die Klöster sind Leuchttürme des Glaubens“, sagte der Präfekt der vatikanischen Ordenskongregation, Kardinal Franc Rodé. Tatsächlich verblüfft, fasziniert die Vielfalt der Aufgaben, die sie erfüllen – spirituell, wissenschaftlich und auch ökonomisch. Sie betreuen Pfarren, Spitäler, Altenheime, Schulen, betreiben aber auch Käsereien, Brauereien, Bäckereien, Weinbau, Wald- und Forstwirtschaft, Stiftsstüberln usw.

Noch ein Phänomen – die Stifte, Abteien und Klöster unterscheiden sich stark voneinander: Jedes von ihnen hat eine eigene Seele, eine andere Geschichte, andere Aufgaben, Schwerpunkte und Ziele. Der gestrenge Glaubenspräfekt Joseph Ratzinger, heute Papst Benedikt XVI., mahnte allerdings: „Wo

Freudlosigkeit ist, wo der Humor stirbt, da ist der Geist Christi gewiss nicht. Und umgekehrt: Freude ist ein Zeichen der Gnade."

In diesem Sinne ist das Buch der Versuch, eine Einstiegshilfe, sozusagen einen Schuhlöffel in die Welt der Klöster zu bieten: mit Pointen, Anekdoten, Erlebnissen – in der Klausur, beim Austeilen der Klostersuppe usw. Dazu drei kurze Anmerkungen:

Ein Steyler Missionar ging im Klostergarten auf und ab, tief in sein Brevier versunken. Plötzlich kam eine Brise Wind auf und blätterte viele Seiten des Gebetbuches um. Ein Zeichen des Himmels? Demut war jedenfalls angesagt. „Lieber Gott, ich danke Dir", sagte der Pater leicht ergriffen, um mit leiser Stimme hinzuzufügen: „Ich hätte mich nicht getraut, so viele Seiten auf einmal umzublättern."

Der Kölner Kardinal Joachim Meisner besuchte das Benediktinerstift Seitenstetten. Man saß am Abend gemütlich beieinander, parlierte, kreuzte die Klingen – mit dem Florett. Der Oberhirte sagte zum Abschied zu Pater Notka Wieser, einem Original von 80 Jahren: „Auf Wiedersehen – vielleicht aber erst im Himmel." Darauf konterte der in Ehren ergraute Benediktiner: „Sind Sie sich da net so sicher, Eminenz!"

Der Pfarrer von Gramastetten, der Zisterzienserpater Konrad Just, fuhr höchst unkonventionell einkaufen – mit dem Traktor in die Linzer Innenstadt. Einmal donnerte er trotz Rotlicht über eine stark frequentierte Kreuzung. „Warum halten Sie sich nicht an die Verkehrsregeln, Herr Pfarrer?", rief ihm ein Polizist vom Straßenrand zu. Der „Verkehrssünder" Pater Konrad Just war um eine Antwort nicht verlegen: „Und Sie, Herr Chefinspektor? Halten Sie sich immer an die Zehn Gebote Gottes?"

Ein herzliches Dankeschön an alle, die mich unterstützt haben: Kardinal Christoph Schönborn, die Äbte, Pröpste, Prioren, die mir ihre Erfahrungen erzählten, meine Frau Erika, die viele Ideen einbrachte und als Ratgeberin unentbehrlich war, Programmleiterin Barbara Köszegi, Hirn und Motor des Unternehmens, Astrid Lefenda, die geschickt für Marketing und Veranstaltungen die Fäden zog und zieht, Lektorin Marie-Therese Pitner, Chefkorrektorin Maria Theresia Fatoba, Domarchivar Reinhard H. Gruber und Claudia Schwerer, ohne deren großartige Hilfe das Buch nicht zustande gekommen wäre. Nicht zu vergessen: Der Rektor der Päpstlichen Hochschule Heiligenkreuz, Pater Karl Wallner, dessen Wissensschatz ich immer wieder anzapfen durfte ...

ZUR EINSTIMMUNG

DAS GESTÄNDNIS VON KARDINAL CHRISTOPH SCHÖNBORN

Erzbischöfliches Palais, 1010 Wien, Wollzeile 2, Kreuzganghof, Wandbrunnen, Arkaden, Feststiege, Cäsaren-Büsten, Barockengel, Gemäldegalerie, Kreuzigungsbild. Das Audienzzimmer in kräftig barocken Farben, die Bildmontage eines Edelsteinkreuzes, ein Triptychon, die Privatkapelle mit dem Bild „Krönung Mariens". Von wegen Stifte, Abteien, Klöster, Äbte, Pröpste, Prioren, Mönche, Chorherren, Patres und Fratres: Der Erzbischof von Wien, Kardinal Christoph Schönborn, ist auch ein Ordensmann – ein Dominikaner seit 46 Jahren. Er wollte Priester werden, aber warum nicht Welt-, sondern Ordenspriester?

„Entscheidend für mich war ein Besuch im Dominikanerkloster von Retz", erinnert sich Christoph Schönborn. „Mich hat das Gemeinschaftsleben in der Ordensfamilie beeindruckt. Natürlich muss man selbst viel dazu beitragen, aber man findet auch eine gewisse Geborgenheit." Nachdenklich fügt er hinzu: „Ein Weltpriester ist oft sehr allein." Aber Christoph Schönborn faszinierte auch das gemeinsame Gebet: „Es gab damals viel mehr als Morgen-, Mittags- und Abendhoren. Wir hatten sieben Gebetszeiten an einem Tag: die Matutin, die Laudes, die vier kleinen Horen Prim, Terz, Sext und Non, die Vesper und die Komplet."

Neben der Ordensfamilie, dem gemeinsamen Gebet gab es aber noch einen Punkt: Bei den Dominikanern werden vor allem Studium und Wissenschaft forciert. „Mich haben Theologie, Philosophie und Psychologie besonders interessiert", so

Christoph Schönborn. „Das hat vermutlich dazu geführt, dass ich schon mit 30 zum Universitätsprofessor berufen wurde." Die Stationen seines bisherigen Lebensweges: 1963 Eintritt bei den Dominikanern, 27. Dezember 1970 Priesterweihe durch Kardinal Franz König, 11. Juli 1991 Ernennung zum Weihbischof, 14. September 1995 zum Erzbischof von Wien – und am 18. Jänner 1998 der Kardinalspurpur durch Johannes Paul II. in Rom.

„Mein Provinzial hat mich als jungen Priester gefragt, ob ich lieber zu den Dominikanern nach Wien oder Graz will", erzählt Christoph Schönborn. „Ich gestehe, beichte sozusagen heute als Erzbischof von Wien, mich ohne eine Sekunde zu zögern für Graz entschieden zu haben. Vielleicht auch aus der Skepsis eines Vorarlbergers gegenüber Wien heraus." Der Kardinal schmunzelt: „Jedes Kloster hat so sein eigenes Klima. Die Wiener Dominikaner galten als die intellektuelleren, nobleren, liberaleren. Die Grazer Dominikaner dagegen als die eher bäuerlichen, volksverbundenen, den Menschen näher stehenden. Ich hab mir gedacht, für den Anfang sagt mir Graz mehr zu."

Christoph Schönborn hat diese Entscheidung, wie er mir versicherte, nie bereut. „Ich wurde Kaplan beim Studentenseelsorger Egon Kapellari, dem heutigen Diözesanbischof von Graz-Seckau. „Wir haben beide nicht geahnt", lacht der Kardinal hellauf, „dass wir später einmal Bischöfe, also Kollegen im Hirtenamt, werden sollten. Es war eine spannende Hochschulgemeinde in Graz, durch die viele Menschen geprägt wurden: Pater Karl Schauer, Gerfried Sperl, Gerhard Hirschmann usw." Zurück zur Klosterwelt: „Es gibt da viele Originale", erzählt Christoph Schönborn. „Laienbrüder, die oft unglaubliche Menschenkenntnis besitzen und die hohen Herren der Geistlichkeit durchaus kritisch sehen. Aus der Perspektive des täglichen Lebens – und mit großer menschlicher Weisheit."

Der Kardinal erinnert sich an Bruder Martin, den Pförtner und Sakristan im Wiener Dominikanerkloster, der „immer so unauffällig herumgehuscht ist“. Umso größer dann die Überraschung nach seinem Tod bei der Trauermesse. „Die Dominikanerkirche war seit Menschengedenken noch nie so gesteckt voll“, schildert Christoph Schönborn. „Die Mitbrüder mussten staunend feststellen: ‚Wir wussten nicht, wie viele Menschen diesen einfachen Laienbruder geschätzt, geliebt, verehrt, sich ihm anvertraut, mit ihm ihre Probleme besprochen haben. Und dass er ihnen an der Klosterpforte heimlich ein bisschen Geld, Brot, Obst usw. zugesteckt hat.‘“ Das Resümee des Erzbischofs von Wien und Dominikanerpaters: „Zum Requiem für Bruder Martin kamen mehr Gläubige als zu jenen für große, berühmte Dominikanerpatres. Da hat man gesehen – das Kloster besitzt noch verborgene Schätze, die leider erst spät gehoben werden.“

DER PROPST AUF DEM MOTORRAD

Noch hängen letzte Nebelfetzen tief über dem Augustiner-Chorherrenstift Reichersberg am rechten Hochufer des Inns. Aber schon blinzeln erste Sonnenstrahlen durch den Spalt des Eingangstors mit goldenen Engelsflügeln auf blau-rotem Grund. Im rötlichen Licht sind die Konturen des lang gestreckten Stiftshofs zu erkennen, der Mystik, Poesie und Geschichte atmet: zweigeschossige Pfeilerarkaden, ein Marmorbrunnen mit der Statue des Stiftspatrons, des Erzengels Michael. Das satte Grün des Rasens, die bunte Farbenpracht der Blumen: rote Rosen, Geranien usw., aber auch der Koniferen, Thujen. Und mitten in dieser klösterlichen Harmonie ein weiterer Farbfleck – ein Motorrad vom Typ KTM adventure in modischem Orange. Eigentümer dieses „heißen Eisens" ist niemand anderer als der Propst des ehrwürdigen Klosters, Werner Thanecker. „Die Gläubigen sind schon gewohnt, dass ich damit durch die Gegend brause", schmunzelt er. In dem entsprechenden Outfit, versteht sich: also mit Sturzhelm, Ledergarnitur usw. Werner Thanecker klopft auf Holz, als er erzählt: „Ich hab noch keinen Unfall gebaut."

Das Bayerische Fernsehen entdeckte den Propst als „TV-Star" für eine vierteilige Serie. Er fuhr mit seinem Motorrad die Innklöster ab – vom Ursprung bis zur Mündung, vom Schweizer Malojapass bis nach Passau. „Wir haben versucht, den Glaubenswelten nachzuspüren", erinnert er sich. „In Gesprächen mit

Mönchen, Äbten und Pröpsten." Und: „Ich war überrascht von der Vielfalt, auf die ich dabei gestoßen bin." Aber keine Angst: Werner Thanecker bleibt Reichersberg treu. Schon sein Großonkel Odulf Danecker war hier von 1963 bis 1980 Propst. Und seine Tante Aloisia Geisberger führte hier das Restaurant „Reichersberger Hof". Nicht zu vergessen: Sein Hund Chico, ein Mix aus Cocker Spaniel und Münsterländer, hat das Kloster längst als Revier „annektiert".

Links vom Stiftshof führt eine Steintreppe zur sogenannten Prälatur, zum Empfangsraum und zum Arbeitszimmer von Werner Thanecker. Also eine gewisse Sammelleidenschaft kann man ihm nicht absprechen: Da stehen 20 Bierkrüge, da liegen 50 bis 70 Pfeifen herum. „Ich hab nicht das Herz gehabt, mich auch nur von einem einzigen Stück zu trennen", gestand er offen ein. Werner Thanecker ist ein Phänomen, ein Ordensmann mit Charisma, mit Humor. Er sammelt nicht nur Bierkrüge und Pfeifen, sondern auch Anekdoten. Bei den Zisterziensern, Benediktinern, Franziskanern, Augustiner-Chorherren, Steyler Missionaren, Redemptoristen usw. „Heitere Episoden, mit denen man im Klosterleben konfrontiert wird", erklärt er das.

DIE EHE – ALLES TOPFEN

Der Zisterzienserpater Bernhard von Stift Rein war für seinen trockenen Humor bekannt. Bei der Ehevorbereitung gab er den Brautpaaren ein weises Wort mit auf den Weg: „Mit der Ehe ist es wie mit der Milch: Zuerst ist sie süß, dann sauer – und am Ende ist alles Topfen."

HIMMLISCHE REBHÜHNER

Der Kapuzinerpater Hugo Dittmann hatte einen Riesenwickel mit den Barmherzigen Schwestern vom heiligen Vinzenz von Paul. „Ach, was seid ihr für himmlische Rebhühner!", ärgerte er sich. Die Nonnen revanchierten sich dafür – ganz im Geist christlicher Nächstenliebe: Sie sandten ihm zum Namenstag ein Packerl mit der Adresse: „An Pater Hugo, den himmlischen Rebhühner-Farmer." Der Inhalt: ein Rebhuhn zum Verzehr.

GEHT'S GOTT WAS AN?

Die Dienerinnen des heiligsten Herzens Jesu in Wien erlebten mit ihren kleinen Sprösslingen auch so ihre Wunder. Eine der Nonnen wollte wissen, ob alle das Abendgebet auswendig konnten. Eines der Kinder begann darauf zu beten – mit dem aufmüpfigen Inhalt: „… hab ich Unrecht heut' getan, geht's Dich, lieber Gott, nichts an."

IN DER HÖLLE BEDIENEN

Schwester Laura von den Barmherzigen Schwestern in Zams hatte für das leibliche Wohl der Geistlichen zu sorgen. Auf den Mund gefallen war sie nicht. Und so gab ein Wort das andere. Einer der Priester fragte scherzhaft: „Was würden Sie tun, ehrwürdige Schwester, wenn Sie in die Hölle kämen?" Die Antwort kam wie aus der Pistole geschossen: „Geistliche Herren bedienen – was sonst?"

DIE ZEHN GEBOTE HALTEN

Der Pfarrer von Gramastetten, der Zisterzienserpater Konrad Just, fuhr mit dem Traktor nach Linz einkaufen. Einmal querte er trotz Rotlicht die Kreuzung. „Warum halten Sie sich nicht an die Verkehrsregeln, Herr Pfarrer?", rief ein Polizist. Pater Konrad Just war um eine Antwort nicht verlegen: „Halten Sie immer die Zehn Gebote Gottes, Herr Inspektor?"

VIEL ZIVILCOURAGE

Pater Konrad Just hatte nicht nur Humor, sondern auch Rückgrat, Zivilcourage. Die Gestapo (Geheime Staatspolizei) wollte ihn nach der Okkupation Österreichs 1938 möglichst unbemerkt aus Gramastetten hinauskomplimentieren. Aber der Pfarrer bestand darauf, quer durch die Gemeinde, über den Marktplatz abgeführt zu werden. Und erteilte den Menschen, die wie Trauben an den Fenstern und Hauseingängen hingen, seinen Segen. Ein langer Leidensweg durch die Konzentrationslager begann. Aber Pater Konrad Just ließ sich nicht brechen.

DER HEILIGE ABT

Der Abt des Zisterzienserklosters Mehrerau bei Bregenz, Kassian Haid, erfreute sich größter Beliebtheit. Sein Mitbruder, Pater Leo Schlegel, erzählte eines Tages beim Mittagessen, die Ordensschwestern von Riedenburg hätten geschwärmt: „Ihr Abt ist ja ein Heiliger!" Kassian Haid konnte seine Neugierde kaum verbergen und fragte schließlich: „Was haben Sie denn dazu gesagt?" Pater Leo Schlegel räusperte sich und erklärte unter homerischem Gelächter: „Ich habe sie in dem guten Glauben belassen."

KEIN WEIN, KEINE MESSE

Also konsequent war er schon, der Zisterzienserpater Hermann aus dem Stift Schlierbach. Er sollte in der Pfarre Nussbach eine heilige Messe zelebrieren. Doch die Ministranten hatten auf den Messwein vergessen. Pater Hermann kommentierte das trocken mit den Worten: „Kein Wein, keine Messe." Und ging schnurstracks nach Hause.

KEINE VERSEHGARNITUR

Ein älterer Mitbruder des Benediktinerstiftes Admont war noch immer seelsorgerisch aktiv. Er ließ sich deshalb von einem jungen Kleriker in die nächste Ortschaft fahren. Unterwegs machte er seinen Chauffeur aufmerksam: „Bitte, fahr nicht zu schnell. Ich habe heute keine Versehgarnitur dabei.“

DAS SCHNITZEL RIECHEN

Die Kongregation der Barmherzigen Schwestern vom heiligen Vinzenz von Paul in Salzburg. Eine Novizin versuchte einer anderen den Begriff „Fata Morgana“ zu erklären. Mit der einleuchtenden Definition: „Wenn ich im Gang Wiener Schnitzel rieche und im Refektorium gibt es dann nur Grießschmarren, so ist das eine Fata Morgana.“

ADAM UND EVA VOR DEM RICHTERSTUHL

Das Augustiner-Chorherrenstift Reichersberg ist ein architektonisches Kleinod mit erlesenen Schätzen: Das Hochaltarbild der frühbarocken Kirche zeigt den Erzengel Michael, der den Satan in die Hölle stürzt. Die hohe, elegante Orgelempore ist voller Harmonie: Anlässlich des 900-Jahre-Stiftsjubiläums wurde eine neue Orgel in das alte Gehäuse eingebaut, mit zwei Manualen, 23 Registern, 1912 Pfeifen. Die reich vergoldete Kanzel ist verziert mit den Symbolen der vier Evangelisten Matthäus (Engel), Markus (Löwe), Lukas (Stier), Johannes (Adler). Und den Reliefs der vier Kirchenlehrer Ambrosius, Augustinus, Hieronymus und Gregor. In der Sakristei symbolisieren Eckmedaillons die göttlichen Tugenden Glaube, Hoffnung, Liebe und Gebet. Über den Fenstern sind liturgische Geräte dargestellt: Mitra, Stab, Birett, Stola, Kelch, Messbuch, Lavabokännchen, Monstranz und Rauchfass.

Der Kreuzgang birgt 105 Grabplatten von Äbten, Pröpsten und Chorherren aristokratischer Herkunft. Der Grabstein der Pröpste Johannes und Thomas Radlmayr zeigt ein seltenes Motiv: Adam und Eva stehen vor dem Richterstuhl Gottes. Der Teufel klagt sie an. Gerechtigkeit und Wahrheit fordern strenge Strafen, Barmherzigkeit und Friede plädieren dagegen für Milde.

Dazu kommen noch die Bibliothek, der Augustinisaal – Schauplatz vieler Konzerte – und das Sommerrefektorium, dekoriert mit farbenfrohen Fresken, schwerem Stuck, Deckengemälden, Barockmöbeln oder Bibliothekswänden usw.

Das Stift hat in den vergangenen Jahrzehnten, ja Jahrhunderten auch schwere Zeiten miterlebt, überlebt. In den Napoleonischen Kriegen diente es als Militärlazarett. 1809 brach die Cholera aus. Unzählige Soldaten starben. Eine Inschrift über dem Eingang neben der Kirche erinnert daran:

„Tausend kranker Krieger bleiche Schatten
hier im Haus ihr Todeslager hatten.
Himmlischer Patron schütz uns hienieden,
erfleh' für uns Segen und Frieden."

Während des Zweiten Weltkrieges requirierte die Deutsche Luftwaffe Teile des Klosters für eine Fliegerschule. Der nahe gelegene Flugplatz wurde 1945 von alliierten Bombern in Schutt und Asche gelegt. Wie durch ein Wunder blieb das Augustiner-Chorherrenstift nahezu unversehrt.

„Das Stift hat eine menschliche Dimension. Frei nach dem Motto: ‚Mit Freude leben'", erklärt Werner Thanecker. Derzeit gibt es in Reichersberg 23 Chorherren, einen Novizen und zwei Theologiestudenten. Sie betreuen elf sogenannte inkorporierte Pfarren, die bis zu 300 Kilometer entfernt liegen: in Wien, Niederösterreich und Oberösterreich. Das ist historisch gewachsen. Aber auch zwei Gefangenenhäuser fallen in das Aufgabengebiet der Chorherren, und zwar in Suben und der Schwarzau.

FÜR DAS LEIBLICHE UND DAS GEISTIGE WOHL

Im ehrwürdigen Kloster wird auch Schnaps gebrannt und Likör erzeugt. Der Vater des Propstes, Alfred Thanecker, legt da höchstpersönlich Hand an: bei Obstler, Kirsche, Zwetschke oder Vogelbeere. „Es macht ihm Spaß. Es hält ihn jung“, versichert sein Sohn.

Nun zum Kapitel Scherz, Ironie und tiefere Bedeutung. Der Abt hat schon viele heiter-besinnliche Episoden mit feiner Feder niedergeschrieben: Unter den Buchtiteln „Sind Sie echt?“, „Geschlossen“ oder „Ist das Kloster noch besetzt?“

HEIRATE DEN WITWER

Zwei Seelen wohnten in der Brust einer jungen Frau. Sie konnte sich nicht entscheiden, ob sie ins Kloster eintreten oder einen Witwer mit drei Kindern heiraten sollte. Der Benediktinerpater Vinzenz, ein Original, stand ihr mit Rat und Tat zur Seite. „Gehst ins Kloster, tust was Gutes. Heiratest den Witwer mit drei Kindern, tust was Besseres.“

TRAU, SCHAU, WEM?

Eine Trauung in der Stiftskirche der Zisterzienserabtei Rein ist angesagt. Ein Novize, für den Mesnerdienst zuständig, fragte knapp vorher Pater Bernhard: „Trauen Sie das Paar?“ Pater Bernhard machte auf den Absätzen kehrt und rief: „I trau neamd!“ (Ich traue niemandem!)

CHRISTLICHER DURST

Um den früheren Abt des Benediktinerstiftes Göttweig, Wilhelm Zedinek, ranken sich viele Anekdoten. So werden noch heute seine Gedichte zitiert, die er bei Weintaufen in der Wachau vortrug:

„Tut's mir den Wein net taufen,
lasst ihn ruhig als Heiden laufen.
Nur der Durst soll christlich sein –
so erweist man Ehr' dem Wein.“

VERDIENTE OHRFEIGEN

Der Vorgänger des jetzigen Propstes des Augustiner-Chorherrenstifts Reichersberg, Odulf Danecker, war während des Zweiten Weltkrieges Kaplan in Pitten. Er unterrichtete an der Hauptschule Religion – auch den späteren Bürgermeister Schagerer. Als dieser im Kloster seinen Antrittsbesuch absolvierte, fragte ihn der Probst: „Sie waren sicher ein guter Schüler?" Der Bürgermeister räumte verlegen ein: „Mein Lehrer hat genau das Gegenteil behauptet." Odulf Danecker bohrte weiter: „Sie haben aber von mir keine Ohrfeige bekommen?" Der Bürgermeister lachte leicht verzweifelt auf: „Nicht eine, sondern viele." Nachsatz: „Ich habe sie auch ehrlich verdient."

VOM MASKENBALL

Propst Odulf fuhr mit seinem Wagen zur Faschingszeit zu einem Kirchenfest nach Passau. Standesgemäß gekleidet: mit violett paspeliertem Talar, violettem Zingulum, Sarockel, Brustkreuz und Ring. Bei der Rückfahrt blickte beim Passauer Grenzübergang ein Zöllner kurz beim Wagenfenster hinein und sagte: „Ach, Sie kommen vom Maskenball. Gute Fahrt auf dem Weg nach Hause."

DAS SPARKASSENBUCH

Es ist die Usance: Beim morgendlichen Gotteslob stellen die Chorherren kurze Betrachtungen an. Und zwar zwischen Laudes und Messe. Die Grundlage dafür bietet meist das sogenannte Betrachtungsbuch, in dem religiöse Themen behandelt werden. Bei einer Diskussion über die besten Werte bewies der Chorherr Albin Schwarz Realitätssinn. „Die schönsten Betrachtungsbücher sind die Sparkassenbücher", stellte er unter dem Gelächter seiner Ordensbrüder fest.

GANZ SCHÖN BLAU

Alle Mitbrüder rieten Pater Albert davon ab, die Pfarre von Lambrechten zu übernehmen. Den Gläubigen dieser Gemeinde eilte der Ruf voraus, „harte Schädel“ zu sein. Nun, der kühne Ordensmann machte die Probe aufs Exempel. Mit einer Haussammlung für den Pfarrhof. „Des Geld musst du dir aber erst verdienen“, ätzten seine neuen Schäflein. „Du bekommst für jedes Stamperl 100 Schilling.“ Der Pfarrer erwies sich als trinkfest. Im Dienste einer guten Sache. Nach einer Innviertler Jause mit Speck, Sauerkraut und vielen Stamperln kehrte er ganz schön blau, aber auch mit einigen Tausendern nach Hause zurück.

GOTT SEI DANK

Bruder Goswin vom Zisterzienserkloster Mehrerau bei Bregenz war als Pförtner eine Legende. 60 Jahre empfing er Besucher, gab Armen zu essen, vermittelte Telefonanrufe usw. Ein Mitbruder fragte: „Hältst du dich an die Regel, nach der Ankunft jedes Gastes ‚Gott sei Dank‘ zu sagen?“ Bruder Goswin ging in sich und bekannte mit treuherzigem Augenaufschlag: „Ich sag das immer, wenn sie gehen.“

NA, SAUF DICH AN!

Der Benediktinerpater Berthold wurde eines Nachts zum Versehgang zu einer Bäuerin gerufen. Sie nahm die Krankensalbung, im Volksmund „Letzte Ölung“ genannt, andächtig entgegen. Und rief ihrem Mann zu: „Gib dem Pater Trinkgeld.“ Und zu dem Geistlichen gewandt, fügte sie hinzu: „So, sauf dir einen Rausch an.“ Als dieser protestierte: „Das geht doch nicht“, legte die Bäuerin noch ein Schäuferl nach: „Was tatst denn sonst mit dem Geld?“

SCHULE TRIFFT KLOSTER

Propst Werner Thanecker setzt stark auf die Zukunft, auf die Jugend. „Die Aktion ‚Schule trifft Kloster' ist gut angekommen", erzählt er. „Wir versuchen in kindergerechter Sprache zu erklären, was ein Stift ist. In der Diskussion kommen natürlich die Standardfragen: ‚Warum tragen Sie eine Kutte?', ‚Wie stehen Sie zum Zölibat?' usw. Aber wenn die erste Scheu überwunden, das Eis gebrochen ist, reden wir sehr offen." Mit der Katholischen Jugend wurden erstmals sogenannte „Spirit Nights" initiiert, Workshops mit religiösen, kreativen Themen. Die Eröffnung erfolgt um 16 Uhr, die Liturgie um 22 Uhr.

Ein weiterer Schwerpunkt ist, den Menschen das Haus, das Stift, anzubieten, damit sie sich einige Tage zurückziehen können. „Das ist nicht das klassische ‚Kloster auf Zeit', aber die Gäste können an dem Chorgebet teilnehmen und Gespräche mit den Chorherren suchen", sagt der Abt. Es gibt 49 Gästezimmer mit Frühstücksbuffet, Halb- und Vollpension. Das Angebot der Chorherren ist reichhaltig: Ausstellungen, Konzerte, Veranstaltungen in dem 350 Jahre alten Kellergewölbe, das ein ganz besonderes Flair ausstrahlt, Vinothek, Klosterladen.

Über dem Eingangstor des Stiftes steht zu lesen:
„Herren, Ritter, reisig Knechte, fromme Scharen
zogen durch dies Tor in neunmal hundert Jahren.
Dass fürbass immer gastlich stehe offen:
Gottes Schutz für unser Haus wir stetig hoffen."

GOTTES BOLLWERK IN DER WACHAU

Gleich am Fuße der Kaiserstiege im Stift Göttweig liegt sein Büro. An den Wänden zeitgenössische Bilder der Linzer Maler Elisabeth Rubik-Jungmeier („Sehnsuchtshelle") und Fried Schiffler. Kruzifix, Muttergottes-Ikone, eine geschnitzte St.-Florian-Figur, die auf einer Konsole direkt über dem Schreibtisch steht. „Ein Geschenk der Innviertler Heimatgemeinde Geinberg zu meiner Primiz im Jahre 2001", erzählt Pater Justus Reichl, zuständig für Tourismus und Kultur – der „Außenminister der Benediktinerabtei" (so der kürzlich verstorbene Abt Clemens Lashofer). „Ich war Mitglied der Freiwilligen Feuerwehr. Die Floriani-Figur hat auch im klösterlichen Alltag manchen Brand zu löschen geholfen", fügt er noch schmunzelnd hinzu. „Unser früherer Schneider, Bruder Alois, hat mir schon, als ich noch Novize war, eingetrichtert: ‚Der Herrgott hat an großen Tiergarten erschaffen – den find't ma genauso hinter den Klostermauern.'"

Die Erinnerungen an ein Jugendcamp in Göttweig werden wach. An den klapprigen Bus, der die Serpentinen mühsam hinaufkeuchte. Vom nebelumhangenen Donautal südlich von Krems bis zum Benediktinerkloster (449 m) im strahlenden Sonnenlicht. Vorbei an der Benedikt-Statue, den Rosenkranz-Stationen durch das Dunkelgrün der Wälder. Bis die roten Zwiebeltürme des Klosters auftauchten. Hier schlugen wir – 20 bis 30 Ministranten – für zwei Monate die Zelte auf, machten das steile Gelände bei Räuber-und-Gendarm-, Indianer- und Trapperspielen unsicher. Anlässlich eines Benediktiner-Kongresses gab es aber auch ernstere Aufgaben: Wir ministrierten täglich drei- bis viermal – und bekamen dafür jeweils zwei bis drei Schilling als Obulus. Damit kauften wir im „Kellerstüberl" – heute das „Stiftsrestaurant" – Bensdorp-Schokolade, Mannerzuckerln, Mannerschnitten oder sonstige Süßigkeiten.

NICHT NUR DIE REGEL DES HEILIGEN BENEDIKT ZÄHLT

Eine breit geschwungene Freitreppe führt zur Stiftskirche der Benediktinerabtei mit der rosa-beigen Außenfassade. Das Hochaltarbild „Marias leibliche Aufnahme in den Himmel", eine spätgotische Holzskulptur – die Göttweiger Gnadenpietà –, die sterblichen Überreste des Stiftsgründers, des heiligen Altmann, in einem silbernen Reliquienschrein. Die doppelstöckige Stiftsbibliothek ist öffentlich nicht zugänglich. Ganz einfach deshalb, weil sie mitten im Klausurbereich liegt. Es ist eine Welt von Büchern in einheitlicher Barockbindung aus gekalktem Schweinsleder: mit 220.000 Bänden, 1150 Kodices, 1110 Inkunabeln (Erstlingsdrucken). Und die Benediktinerpatres wohnen gleich nebenan – heute wie zur Zeit Benedikts vor 1500 Jahren. Und zwar nach den drei Gelübden: „Beständigkeit, klösterlicher Lebenswandel und Gehorsam".

Schweigen, beten, arbeiten, Choräle singen usw. Darauf allein lässt sich das Klosterleben nicht beschränken. Es gehört schon auch eine Prise Humor dazu. „Wer andere zum Lachen bringt, hat einen Ablass verdient", scherzte der Konzilspapst Johannes XXIII. Peter Bloch untermauerte das in seinem Buch „Der fröhliche Jesus" auch noch theologisch. Grund genug für den Göttweiger Langzeitabt Clemens Anton Lashofer (1973–6. Juli 2009), Anekdoten unter dem Titel „Net dumm – Humor und Heiterkeit in Göttweigs Hallen“ zu veröffentlichen. Viele davon stammen von dessen Vorvorgänger Abt Wilhelm Zedinek (1949–1971). Hier einige Kostproben daraus:

„NET DUMM“ SEIN

Landeshauptmann Andreas Maurer und Wilhelm Zedinek fürchteten, dass die Reden bei einem Kongress viel zu lang ausfallen würden. Aber der Abt wusste dagegen ein unkonventionelles Rezept. „Pass auf, wenn jemand zu lang red’t, brauchst bei jedem zweiten Satz nur einwerfen: ‚Net dumm!‘“, riet er. „Die Zuhörer warten dann nur mehr auf das nächste ‚Net dumm‘. Und der Redner macht ganz von selbst Schluss.“

Aber, wie heißt es so schön? Wasser predigen, Wein trinken. Wilhelm Zedinek zelebrierte kurz darauf in Furth bei Göttweig eine Messe im Freien. Es begann in Strömen zu regnen. Viele ergriffen die Flucht. Nur der Abt hielt völlig durchnässt die Stellung – mit einer ellenlangen Predigt. Nachher konnte es sich Andreas Maurer nicht verkneifen, an die Zwischenruf-Philosophie „Net dumm“ zu erinnern. Wilhelm Zedinek konterte darauf wie aus der Pistole geschossen: „No, goa ka Opfer wüst du bringa?“

EIN IRRENHAUS

Das Wiener Schottenstift wurde im 12. Jahrhundert von irischen Mönchen besiedelt. Pater Vinzenz Blaha definierte das abgeklärt mit den Worten: „Wir sind von Iren gegründet worden und sind ein Irrenhaus geblieben.“

FALSCHER ABT?

Der Abt von Admont, Koloman Holzinger (1956–1978), entdeckte seine Leidenschaft fürs Autostoppen. Immer wieder war er am Straßenrand mit dem Daumen in Fahrtrichtung zeigend zu sehen. Eines Tages erhielt er die telefonische Warnung: „Passen Sie auf. Da gibt es einen Gauner, der sich beim Autostoppen als Abt ausgibt."

DER HEILIGE GEIST

Horst Friedrich Mayer und Gerhard Vogl schrieben ein Anekdotenbuch unter dem Titel „Sisi-Kult und Kreisky-Mythos". Auf der Rückseite des Buchumschlages wird Abt Wilhelm Zedinek zitiert: „Jeder Mensch hat einen Vogel. Nur die Prälaten glauben, der ihre ist der Heilige Geist."

DIE BOUTEILLE WEIN

Er war Gottes Schneider, wenn man so will: Frater Alois Knoll, der bis ins hohe Alter Ordenskleider herstellte – insgesamt an die 1600. „Eine der Voraussetzungen für einen guten Habit ist, dass in dessen Tasche eine ganze Bouteille Wein verstaut werden kann, ohne dass sie oben herausschaut", lautete seine einleuchtende Philosophie.

Das Benediktinerstift Göttweig thront auf einem Bergkegel steil über dem Donautal. In Frühling, Sommer, Herbst und Winter jeweils in anderem Gewand, versteht sich. Gewürdigt als „Stadt auf dem Berg", „Kastell des Himmels", „Österreichs Montecassino". Tatsächlich birgt das mehr als 900 Jahre alte Kloster viele Schätze. Etwa im Klausurbereich: nicht nur die Bibliothek, sondern auch über 30.000 Originalgrafiken – nach der Albertina die zweitgrößte Sammlung in Österreich. Die Kaiserstiege des Klosters gehört zu den schönsten barocken Treppenhäusern Europas. Ursprünglich nur „Pro hospitibus primae notae" gedacht. Also nur für „Gäste erster Ordnung".

Kaiser Karl VI. (bis 1740) hat dieses Bauprojekt sehr gefördert, aber nie persönlich betreten. Wohl aber seine Tochter Maria Theresia mit ihrem Mann, Franz Stephan von Lothringen, 1746. Alles wird von Paul Trogers Deckenfresko überstrahlt: Es zeigt, wie die Blitzbündel des Zeusadlers die Mächte der Finsternis, des Lasters und des Chaos in den nächtlich-düsteren Abgrund stürzen. Gleichzeitig bricht unter Kaiser Karl VI. das Goldene Zeitalter Österreichs an. Der Monarch führt als Musengott in seinem Sonnenwagen die freien Künste als Gefolge mit: die Architektur mit den Gesichtszügen seiner Tochter Maria Theresia, die Malerei, Bildhauerei, Musik, Astronomie, Numismatik und Poesie.

Die Geschichte Göttweigs beeindruckt mit Fakten, Daten und Zahlen. Aber der Kitt, der die Patres zusammenhält, ist Gebet, Gesang, Seelsorge und – ein Schuss Humor, so der schon zu Lebzeiten legendäre Abt Clemens Anton Lashofer.

DIE POLSTERSCHLACHT

Pater Emmeram Ritter zeigte 1955 seinen Gästen nicht ohne Stolz die renovierten Säle des Sängerknabenkonvikts. „Wir reagierten darauf nach dem Motto: ‚Wenn die Katze aus dem Haus ist, haben die Mäuse Kirtag'“, erinnerte sich Clemens Lashofer. „Und veranstalteten im kleinen Schlafsaal der Sängerknaben eine wilde Polsterschlacht.“ Hinter verschlossenen Türen. Emmeram Ritter klopfte jedenfalls vergeblich an die Tür. Die Strafe folgte auf den Fuß: Die 14- bis 15-jährigen Sprösslinge mussten sich in Reih und Glied aufstellen. Jeder bekam von dem erbosten Konviktsleiter eine Ohrfeige verabreicht. Auch der spätere Pater Altmann, damals schon gut zwei Meter groß. Kein Hindernis für den zierlichen Pater Emmeram Ritter. Er sprang in die Höhe, verabreichte dem Riesen ebenfalls eine Ohrfeige mit den Worten: „Du und du und auch du.“

DER STIMMENIMITATOR

Frater Raphael Bergmann war ein gottbegnadeter Stimmenimitator. Er konnte vor allem Rudolf Kirchschläger täuschend ähnlich nachahmen. Mit tiefer Stimme – fast in der Diktion eines Predigers. So rief er als „Bundespräsident“ den Pfarrer von Salzburg-Mülln, Pater Benno Maier, an. Er erkundigte sich nach dem Stand der Renovierungsarbeiten in der Kirche. Und versprach zu helfen. Der Pfarrer war beeindruckt, gerührt. Die Ironie des Schicksals bestand darin: Pater Benno und Kaplan Raphael betreuten Jahre später die Pfarre von Wien-Dornbach. Rudolf Kirchschläger wohnte dort und besuchte regelmäßig die Gottesdienste. Er ließ es auch nicht an lobenden Worten fehlen. Etwa für Raphael Bergmann, dem er auf den Kopf zusagte: „Ich habe gehört, Sie können mich so gut imitieren.“

DIE „MUADA-SAU“

Um den früheren Abt Wilhelm Zedinek (1898–1971) ranken sich viele Legenden. So gehörte er der K. a. V. Norica im Österreichischen Cartellverband unter dem Coleur-Namen „Muada-Sau“ an. „Er hat das Schnapsbrennen, das Mähen mit der Sense gelernt – und im Wirtshaus über Viehpreise diskutiert“, erinnerte sich Kardinal Franz König.

Als 1945 die Russen anrückten, vergruben die Menschen ihre Habseligkeiten. Auch Pfarrer Wilhelm Zedinek: aber nicht nur die sakralen Kirchenschätze, sondern auch recht weltliche – den „Dirndl“-Schnaps. Sicher ist sicher.

DIE LEIBESFÜLLE

Der Konzilspapst Johannes XXIII. und Abt Wilhelm Zedinek verstanden einander auf Anhieb gut. Der Heilige Vater sagte nach einem kurzem Gespräch auf dessen Leibesfülle anspielend: „Spiritus Domini impinquet te.“ (Der Geist des Herrn erfülle dich.) Und fügte noch auf Italienisch schmunzelnd hinzu: „Anche me." (Mich auch.)

SO EIN KLUMPERT

Wilhelm Zedinek verstand es, Festakte mit tiefschürfenden Betrachtungen zu würzen. So etwa die Abtweihe seines Lilienfelder Amtskollegen Norbert Mussbacher 1968. „Man hat Ihnen ein schweres Kreuz aufgebürdet, das Ihre Vorgänger erdrückt hat", sagte er mitfühlend. „Um dem Abt eine Freude zu bereiten, hängt man ihm ein Brustkreuz um, setzt ihm eine Mitra auf, steckt ihm einen Ring an den Finger und drückt ihm einen Hirtenstab in die Hand." Übrigens: Wilhelm Zedinek bezeichnete seine Mitra, die ihm bei einem Gottesdienst in Passau heruntergefallen war, verärgert als „Klumpert".

DAS STIFT ALS NOBELRASTSTÄTTE?

Jetzt kann man gut scherzen. Aber man muss schon wissen: Das Stift stand oft am Rand des Abgrunds, war in seiner Existenz bedroht. Pestepidemie, Großbrände, Türkenkriege, Napoleonische Kriege usw. Aber erst im NS-Terrorregime wurde das Kloster aufgehoben, enteignet. Die Benediktiner mussten Göttweig verlassen. „Die damalige Gauhauptstadt Krems requirierte das Stift als Repräsentationssitz", erzählt Pater Justus Reichl. „Aber als man merkte, dass die Erhaltungskosten relativ hoch waren, wollte man es rasch wieder loswerden." Und: „Hitlers Architekt und Rüstungsminister Albert Speer spielte mit dem Gedanken, das Kloster nach den ursprünglichen Plänen fertig zu bauen und in eine Nobel-Raststätte für die projektierte Westautobahn umzubauen. Samt Kongress- und Tagungszentrum." Aber all diese Ideen platzten nach Ausbruch des Zweiten Weltkrieges 1939 wie die Seifenblasen.

Tatsächlich diente das Stift in der NS-Ära als NAPOLA-

Schulungsheim, Umsiedellager für Bessarabier und Lazarett für französische Kriegsgefangene.

Nach der bedingungslosen Kapitulation des Hitler-Regimes 1945 feierten Tausende Sowjetsoldaten in Göttweig den Sieg. Sie brachen die Sakristei der Kirche auf, kostümierten sich mit Messgewändern und plünderten den Weinkeller. Das Kloster war nach den Kriegsjahren völlig devastiert. Es schien unrettbar verloren zu sein. Doch im benediktinischen Geist wurde das Unmögliche gemeistert: der Wiederaufbau des Stiftes. 2001 wurde es sogar in die Liste der Stätten des Weltkulturerbes der UNESCO aufgenommen.

WER PUTZT DIE 1000 FENSTER?

Heute zählt der Konvent 50 Mitglieder, die das Kloster, 32 Pfarren, das Weingut (60% Grüner Veltliner, 30% Chardonnay, 6% Pinot noir) usw. betreuen. „Wir tragen das kulturelle Erbe im Rucksack mit", erklärt Pater Justus Reichl. „Wir verkaufen nichts, sondern investieren. Mit viel persönlichem und finanziellem Engagement. Wir sind am Puls der Zeit, aber langsamer, wohlüberlegter und nachhaltiger als im sonstigen Alltag der Wirtschaft." Und wer putzt die 1000 Fenster des Klosters? „Jeder seinen Bereich", lacht Justus Reichl.

Der Wahlspruch von Abt Clemens Lashofer hatte gelautet: „Obviam Christo Domino!" (Auf, Christus, dem Herrn, entgegen!) Seine Karriere, die er im Geist christlicher Nächstenliebe absolvierte, konnte sich sehen lassen: 1950 Sängerknabe im Stift Göttweig, 1959 Novize, 1965 Priesterweihe, 1973 mit 32 Jahren jüngster Abt, 1982 Abtpräses der Österreichischen Benediktinerkongregation usw. Dennoch fand er Zeit, Anekdoten niederzuschreiben:

ÜBER DIE EHE PREDIGEN

Sein Vorgänger, Abt Wilhelm Zedinek, besuchte seinen Freund Julius Raab im Kanzleramt. Dieser bat gerade seinen Sekretär Franz Karasek, ihn am Sonntag zu einer Versammlung zu begleiten. „Geht leider nicht", beschied dieser. „Ich muss beim Reichsbund einen Vortrag über die sittliche Bedeutung des Sports halten." Raab zu seinem wohlbeleibten Mitarbeiter mit abschätzigem Blick: „Was verstehst du denn von Sport?" Franz Karasek konterte darauf schmunzelnd: „Wenn Abt Wilhelm Zedinek über die Ehe predigen kann, kann ich auch über Sport reden."

OPERATION GELUNGEN?

Der Prior Berthold Goossens starb 1992 nach einer Herzoperation tief betrauert in einem Spital. Es klingt makaber, ist aber wahr: Ein Jahr später sandte besagtes Krankenhaus einen Fragenkatalog an dessen Adresse. Mit der Begründung, die Qualitätsstandards im Interesse der Patienten verbessern zu wollen. „Wie beurteilen Sie den Erfolg der Operation?", wollte man wissen. „Hat sich Ihre körperliche Belastbarkeit verbessert?" Oder: „Haben Sie Ihre Lebensgewohnheiten geändert – etwa zu rauchen begonnen?" Am Ende des Briefes stand zu lesen: „Vielen Dank für Ihre Unterstützung."

NICHT UMBRINGEN

Wilhelm Zedinek geizte 1966 bei der Abtweihe von Ambros Griebling in Stift Altenburg nicht mit Ratschlägen. So redete er dem Konvent ins Gewissen: „Bringt's euren Prälaten nicht um. Was ein Prälat braucht, ist eine dicke Haut und einen breiten Buckel."

NUR FÜR DIE KATZ

Der jeweilige Abtpräses visitierte in regelmäßigen Abständen die Klöster seiner Kongregation. So etwa Koloman Holzinger, der den dezenten Unterschied zwischen Altenburg und Göttweig nicht ohne Ironie definierte: „In Altenburg wurden die Visitatoren zum Beten eingeladen, in Göttweig dagegen auf ein Viertel Wein." Die ehrwürdigen Mönche wußten da aber noch ein Schäuferl nachzulegen. „Worin besteht der Unterschied zwischen einer Visitation und einer Hundehütte?", fragten sie keck. „Na, ganz einfach. Die Hundehütte gehört dem Hund und die Visitation ist für die Katz."

Übrigens: Zum neuen Abt des Benediktinerklosters Melk wurde am 14. August 2009 Pater Columban Luser gewählt.

KLOSTERSUPPE MIT VIEL FLEISCH

Der Franziskanerplatz im Wiener Stadtzentrum hat intimen Charakter. Ein Brunnen, die Statue des heiligen Hieronymus, altväterliche Hausfassaden. Der Eingang zum Franziskanerkloster: Ein Pfeil zeigt nach links zur Pforte, einer nach rechts zur Suppenküche. Darunter die Tafel mit den Worten: „Bitte Ruhe bewahren." Also Ruhe ist des Bürgers erste Pflicht? Nein, im Gegenteil. Es wurde nur eine Tradition aus Maria Theresias Zeiten wiederbelebt. Der Guardian des Klosters, Pater Gottfried Wegleitner, drückt jedem Gast mit einem „Grüß Gott" die Hand. Der Geruch von würzigen Suppen durchdringt das ehrwürdige Klostergebäude: Grieß-, Bohnen-, Kartoffel- oder Gulaschsuppe, mit viel Fleisch und Gemüse. In der Regel an jedem Freitag von 9 bis 11 Uhr vormittags.

Im Refektorium, dem Speisesaal des Klosters, heißt es dann: „Zur Suppe, zur Suppe, die Knödel sind heiß!" An den holzgetäfelten Wänden hängen Bilder über die bewegte Geschichte der Franziskaner. An der vorderen Seite des Saales steht ein Tisch mit dem Suppentopf, mit Geschirr, Besteck, Brotscheiben. Davor eine Schlange von Menschen: 50, 60 an der Zahl – erschreckend viele. „Es sind arme Menschen, die unserer Zuwendung bedürfen", sagt Gottfried Wegleitner. „Stammkunden, wenn Sie so wollen, aber auch junge Menschen, die durch das soziale Netz gefallen sind. Das schockiert mich." Es gibt aber nicht nur die Institution Klostersuppe, sondern auch das tägliche Frühstück. Wurstbrote, die von Montag bis Sonntag – ebenfalls von 9 bis 11 Uhr – an der Klosterpforte ausgeteilt werden.

Zurück zum Refektorium, zur Klostersuppe – zu den Stammgästen:

Franz G., Bartstoppeln, blaue Windjacke, ist 50 Jahre alt, gelernter Fleischhauer und seit drei Jahren arbeitslos. „Ich helfe im Kloster, wenn Arbeit anfällt", erzählt er. „So etwa beim Aufbau des Heiligen Grabes zu Ostern im Refektorium."

Eva J., eine dunkelhaarige, schlanke Frau, ist 33 Jahre alt, Slowakin und arbeitet als Kolporteurin der Obdachlosen-Zeitung „Augustin". Damit verdient man nicht viel. Also holt sie sich jeden Tag ihre Wurstbrote von der Klosterpforte ab und schlürft jeden Freitag das Klostersüpperl im Refektorium.

Einer ihrer Sitznachbarn ist Michael G., 57, Sozialhilfeempfänger – früher Goldschmied und Antiquitätenhändler. „Es geht nicht nur darum, den Hunger zu stillen, die Klostersuppe auszulöffeln, sondern vor allem auch um das Gespräch", gibt er zu bedenken. „Man trifft Leidensgefährten, die man schon lange kennt, und erfährt immer etwas Neues." Und so dient das Kloster auch als Kommunikationszentrum.

Heinrich G., 56, derzeit Unfallrentner – in Jugendzeiten Oberministrant. „Wir haben bei den Franziskanern eine Obdachlosen-Messe gefeiert", erinnert er sich. „Die Kirche war gesteckt voll. Der Pfarrer hat gesagt: ‚Heute wird nicht abgesammelt. Heute werden kleine Kreuze verteilt.' Es war eine Adventfeier, die mich zu Tränen rührte. Ich durfte wieder ministrieren."

Natürlich muss ein solches Projekt finanziert werden. Gibt es Mäzene für Klostersuppen und Wurstbrote? „Ja", schmunzelt Pater Gottfried. „Große Unterstützung kommt von unserem Kloster selbst, aber auch vom Lions Club Ostarrichi. Und an einem Freitag im Monat wird die Suppe nicht im Kloster, sondern im Restaurant „Die drei Husaren“ gekocht. Lehrlinge bringen einen großen Topf Gulaschsuppe ins Kloster, schenken im Refektorium aus.“ Und: „Der Besitzer der ‚Drei Husaren‘, Uwe Kohl, und dessen Team helfen einfach – hängen es nicht an die große Glocke.“

Kurze Anmerkung für Kunstbeflissene. Ferdinand Georg Waldmüller hat sich des Themas „Klostersuppe“ angenommen. Und ein Tafelbild gemalt, das in der Österreichischen Galerie im Belvedere zu bewundern ist. Als Hintergrund nahm der Maler das Franziskanerkloster in der Wiener Innenstadt. Konkreter gesagt: den schlichten, aber in seiner steilen Kreuzgratwölbung stimmungsvollen Kreuzgang.

GESCHICHTSTRÄCHTIGER BODEN

„Lernen Sie Geschichte“, grantelte Bruno Kreisky. Fangen wir gleich beim Wiener Franziskanerplatz an. Auf seinem Boden stand ein „Seelhaus“ für Dirnen, die sich bekehren wollten – finanziert von ehrsamen Bürgern. Es musste schließlich dem Franziskanerkloster weichen. Auf dem Hauptaltar der Klosterkirche die legendenumwobene Gnadenstatue „Maria mit dem Beil“. Ihre Besitzer konvertierten zum Protestantismus und wollten die Statue mit einem Beil zertrümmern. Aber es kam nicht dazu. Und so diente die spätgotische Skulptur als Palladium (Schutzbild) in den Türkenkriegen. Vor ihr beteten in der Franziskanerkirche die Kaiser Leopold I., Joseph I., Karl VI., Erzherzogin Maria Theresia und Prinz Eugen von Savoyen. Und: Erst kürzlich erlebten hier die „Seherinnen von Medjugorje“ Marienerscheinungen.

Höchst ungewöhnlich, aber praktikabel: Die älteste Orgel Wiens, die sogenannte „Wöckerl“-Orgel (benannt nach ihrem Erbauer), steht hinter dem Hochaltar. Dieser ist aber so durchlässig gestaltet, dass der Organist den Gottesdienst mitverfolgen kann. Auf dem Orgelgehäuse die Statuen des Harfe spielenden Davids, musizierender Engel usw. Die „Wöckerl"-Orgel wird gerade restauriert – mit einem Kostenaufwand von 1,2 Millionen Euro. (Spenden werden noch dringend benötigt.)

In einer Seitenkapelle links vor dem Hochaltar steht eine Büste des Franziskanerpaters Petrus Pavlicek, für den in Rom gerade ein Seligsprechungsprozess anhängig ist. Er pilgerte nach seiner Entlassung aus der Kriegsgefangenschaft 1946 nach Mariazell zur Magna Mater Austriae, der Großen Mutter Österreichs. Er hörte von einer „inneren Stimme" die „Fatima"-Botschaft der Muttergottes: „Tut, was ich euch sage – und es wird Friede sein." Pater Petrus rief daraufhin zum Rosenkranz-Sühnekreuzzug auf, mobilisierte die Menschen zum Gebet für „Österreichs Freiheit und den Frieden". Er wollte 1950 eine Lichterprozession über die Wiener Ringstraße führen. Kardinal Theodor Innitzer aber war skeptisch: „Das bringt nichts." Doch Kanzler Leopold Figl ermutigte ihn: „Und wenn wir beide allein gehen – meine Heimat ist mir das wert." Petrus und „der Poldl" blieben nicht allein. Sie wurden von Hunderttausenden Menschen begleitet. Viele Jahre hindurch. Bevor Kanzler Julius Raab 1955 zu den Staatsvertragsverhandlungen nach Moskau flog, rief er Pater Petrus an: „Lassen Sie beten wie noch nie." Der Traum, die Vision des Franziskaners ging in Erfüllung. „Österreich ist frei", rief Außenminister Figl nach der Unterzeichnung des Staatsvertrages im Oberen Belvedere. Auf dessen Balkon zeigte er das mit Siegeln versehene Dokument einer unübersehbaren Menschenmenge. Lachen, Weinen – unbeschreiblicher Jubel.

DIE NASE ABSCHNEIDEN

Pater Dr. Ludwig Raber schrieb das Buch „Die österreichischen Franziskaner im Josefinismus". Gemeint ist damit natürlich die

Regierungszeit des Reformkaisers Joseph II. Das 544-Seiten-Werk ist aber keineswegs staubtrocken, wie der Titel vielleicht vermuten ließe, sondern mitunter sehr heiter – vor allem im Kapitel „Curiosa". Und das „bei aller Nüchternheit der Aufklärung, bei aller Trockenheit der josefinischen Bürokratie und bei allem Schwulst des Barocks – gewollt oder ungewollt", so Ludwig Raber. „Es schimmern das österreichische Gemüt und die franziskanische Fröhlichkeit durch."

Man weiß von den Kulturseiten der Zeitungen her: Es gibt Theater- und Musik- und Filmkritiker. Von Predigt-Kritikern hat man bisher wohl nichts gehört. Dennoch trieben sie laut Ludwig Raber in der josefinischen Zeit ihr Unwesen. Demnach belauschten diese zu Pfingsten 1782 den Festprediger in der Wiener Franziskanerkirche. Die „Spione" beanstandeten schon den „Vorspruch" des Redners „Igne me examinasti" (Mit Feuer hast Du mich erprobt). Hellauf empört waren sie aber darüber, dass der Ordensmann „abscheulich grob" geredet und allen Ernstes gefordert habe: „Man sollte den Ehebrechern die Nase abschneiden."

EIN „FRÖHLICHES ABSTERBEN"

Ein ungewöhnliches Anliegen brachte der Franziskanerbruder Adrian aus Maria Lanzendorf brieflich bei Kaiser Joseph II. vor. „Eure k. k. apostolische Mayestät, großmächtiger Kaiser und Herr", hieß es da in der Anrede. „Unterzeichneter unterthänigster und demüthigster Diener wirffet sich gehorsammstens zu Ihro Mayestät allerhöchsten Füssen und flehet." Und dann ließ der fromme Bruder sehr devot, aber doch die Katze aus dem Sack. Die k. k. apostolische Mayestät möge ihm, dem „zerbrochenen Greiß" mit 79 Jahren, eine „letztliche Bitt" einräumen. Nämlich, dass nach seinem Hinscheiden die neueste Begräbnisordnung von Joseph II. ausnahmsweise aufgehoben werde, wonach die sterblichen Überreste nicht mehr in „Kruften“ (Gruften), sondern auf „Freithofen“ (Friedhöfen) beigesetzt werden müssten. Frater Adrian versicherte abschließend in seinem Brief, „wegen der Erhaltung eines fröhlichen Absterbens ewiglich dankend zu seyn“.

Die k. k. Bürokratie dachte natürlich nicht daran, dem Franziskanerbruder aus Maria Lanzendorf eine Extrawurst zu braten. Die lakonische Antwort der Hofkanzlei ließ alle Hoffnungen wie Seifenblasen platzen. Das Ansuchen wurde mit der lakonischen Begründung abgewiesen, dass „es ohnehin bey der Auferstehung der Todten in sich ein Ding ist, ob er unter einem Kirchenpflaster oder unter einer Graswiese wird befunden werden“. „Diese Formulierung stammt, dem daraus sprechenden galligen Humor nach zu schließen, fast sicher von Joseph II. selbst“, so der Buchautor Dr. Ludwig Raber. Nachsatz: „Ehe aber den alten, demütigen Bruder Adrian die Graswiese deckte, musste der Kaiser (Joseph II.) in die Gruft gebettet werden …“

DER „GUTE" UND DER „BÖSE" HABSBURGER

Das Zisterzienserstift Lilienfeld im Oberen Traisental, dem waldreichsten Bezirk Österreichs. Im ersten Stock die Prälatur – mit einer Bildergalerie der Habsburger: Maria Theresia, Joseph II., Leopold II., Franz I., Ferdinand I., Franz Joseph, kaiserlichen Hoheiten, Erzherzögen usw. „Die Bilder sind so angebracht, wie man Wappen, Schilder aufhängt", erklärt Abt Matthäus Nimmervoll. „Nicht von der Besucherseite, sondern von der Hauptfigur her." An der Stirnseite des Saals ein Kruzifix – Jesu Kopf nach rechts geneigt: zum rechten Schächer, der seine Sünden bereute, zu Leopold II., der die Aufhebung des Klosters 1790 rückgängig machte. Auf der linken Seite der linke Schächer, der Gott bis zuletzt schmähte, Joseph II., der das Stift ein Jahr zuvor (1789) aufgelöst hatte. Er hält ein Pergamentpapier mit dem „ausradierten Kloster" in der Hand, stützt sich auf einen kleinen Tisch, dessen Fuß ein Pferdefuß ist und eine Teufelsfratze zeigt.

Gab es also einen guten und einen bösen Habsburger? Oder war das nur die subtile Rache eines Hofmalers? „Joseph II. hat auch Gutes getan", verteidigt der Abt den Monarchen. „Er hob die Leibeigenschaft der Bauern auf, schaffte die Todesstrafe ab, gewährte Protestanten, Griechisch-Orthodoxen und Juden Religionsfreiheit." Nur zur Erklärung: Joseph II. hob Klöster auf, die keine Pfarren betreuten, keine Schulen, Spitäler usw. betrieben. Oder wie im Fall von Lilienfeld, das zwar Pfarreien betreute, dessen Grundbesitz dem Kaiser aber ins Auge stach, weil er neu gegründete Pfarreien dotieren musste. Manchmal waren auch innerklösterliche Zwistigkeiten Grund für die Aufhebung eines Stiftes. Der Bruder und Nachfolger von Joseph II., Leopold II., war ebenfalls ein Reformer, überstürzte aber nichts, sondern ging behutsam vor. Ein weiterer Bruderzwist in Habsburg, frei nach Franz Grillparzer, lässt sich daraus kaum ableiten.

DIE „BERÜHRTE" MADONNA

Das Kloster liegt 25 Kilometer südlich von St. Pölten an der „Via Sacra" (der heiligen Straße) nach Mariazell. Dort lernte ich Matthäus Nimmervoll in der Basilika vor der Magna Mater Austriae (der Großen Mutter Österreichs) kennen. Bei einem Brauch, der alljährlich am Gründungstag des Wallfahrtsortes, dem 21. Dezember, auflebt. Der Superior der Basilika, Pater Karl Schauer, steigt vor dem Gnadenaltar auf eine kleine Leiter. Nimmt eine Kopie der Mariazeller Madonna nach der anderen in die Hände und berührt sie mit dem Original: Statuen in allen Größen, koloriert oder in Naturholz, mit oder ohne Krone. Der Abt aus Lilienfeld stellte sich ebenfalls mit zwei Figuren ein: einer Barockmadonna aus der Annakapelle in Schloss Kreisbach und einer Biedermeierkopie aus dem Kapitelsaal des Zisterzienserstiftes Lilienfeld. „Ist die berührte Madonna ein Aberglaube, ein Mummenschanz? Oder hat sie tiefere Bedeutung?" Der Abt räuspert sich: „Es ist keine Magie, sondern so wie mit einem Rosenkranz, den ich kaufe und weihen lasse. Also ich glaube, dass durch die Berührung mit dem Original der sakrale Wert der Kopien steigt."

Matthäus Nimmervoll weist oft auf die berührte Biedermeiermadonna im Kapitelsaal hin – bei Führungen, die mitunter berührend verlaufen. So hat er kürzlich einer russischen Professorin das Stift gezeigt, die in ihrer Heimat heimlich getauft worden war, aber nie die Kirche besuchen durfte. „Die kurze Privatführung dauerte eine Stunde“, erinnert sich der Abt. „Wir haben über Gott und die Welt gesprochen. Zum Abschied hat mich die russische Professorin umarmt.“

AUTOGRAMME IN STEIN GEMEISSELT

Das Stift Lilienfeld atmet Geschichte: das frühgotische Trichterportal mit seinen 32 Säulen in rötlichem Glanz; die Statuen des Klostergründers Leopold VI. und des heiligen Leopold III. auf Konsolen; die Kreuzreliquie über dem Tabernakel des reich vergoldeten Hochaltars; der Kreuzgang mit den spitzbogigen Kreuzrippen und 478 Marmorsäulen. In der Bibliothek die Schnitzfigur von Maria auf einem Schranktisch als „Sedes sapientiae“ (Sitz der Weisheit). Auf dem Siegel von Friedrich II. dem Streitbaren aus dem Jahre 1230 scheint erstmals der rot-weiß-rote Bindenschild auf. Stift Lilienfeld ist das größte mittelalterliche Kloster Österreichs – und das größte Bauwerk aus der Babenbergerzeit.

Visitenkarten austauschen, Autogramme schreiben – das gab es schon anno dazumal beim Bau des Klosters. Die ehrsamen Handwerker hinterließen ihre Spuren bis heute, in Stein gemeißelt: mit Buchstaben und Symbolen – 200 Zeichen, Botschaften an der Zahl. Auf einer einzigen Säule gleich 30. „Lilienfeld schlängelt sich der Traisen entlang“, erzählt Matthäus Nimmervoll. „Es gibt kein Zentrum, keinen Hauptplatz.“ Deshalb wurde die Stadterhebung von Lilienfeld im Jahr 1974 im Stift gefeiert. „Die Leute haben damals gescherzt“, erzählt schmunzelnd der Abt. „Was wird denn jetzt zur Stadt erhoben? Das Stift oder das Sägewerk des Stiftes?“

EINE OASE DER STILLE

Die 25 Mönche aus Lilienfeld laden zu „Tagen der Stille" ein. In einer „Atmosphäre der Besinnung". Um Abstand vom „Treiben des Alltags" zu gewinnen. Beim gemeinsamen Gebet: 6.15 Uhr Laudes und Messe, 12.45 Uhr Mittagshore, 18 Uhr Vesper. Im Kloster kann man nächtigen und frühstücken. Die Preise 2008/2009: Doppelzimmer mit Frühstück 18 Euro pro Person, Einzelzimmer mit Frühstück 24 Euro, Doppel-Komfortzimmer mit Frühstück 24 Euro pro Person, Einzel-Komfortzimmer mit Frühstück 36 Euro. Mit Komfort ist alles teurer, versteht sich.

Stille, Ruhe, Ferien vom Ich verspricht der Stiftspark. Mit einer Entdeckungsreise durch die Vogelwelt: Da gibt es Kohl-, Blau- und Sumpfmeisen zu sehen, Kleiber, Bunt- und Mittelspechte, Buch- und Grünfinken, Waldbaumläufer, Zaunkönige, Amseln, Rotkehlchen, Hohltauben und Mauerläufer.

„Man sieht den Wald vor lauter Bäumen nicht", philosophierte einst Christoph Martin Wieland. Das kann im Stiftspark von Lilienfeld schon passieren, bei der Vielzahl an Bäumen aus Europa und Nordamerika: Kaukasische Fichte, Weymouthskiefer, Eibe, Tulpenbaum, Katsurabaum, Stiel-, Trauben- und Roteiche, Rot- und Blutbuche, schlitzblättrige Buche, Trauerbirke, Baumhasel, Sommerlinde, Bergulme, Trauerweide, Hängepalmkätzchen, Vogelkirsche, Christusdorn, Dirndlstrauch, Bergahorn, Hängeesche, Trompetenbaum.

PROBEPREDIGT ALS HÖLLENFAHRT

Es ist eine spirituelle Kraftquelle – anzuzapfen knapp vor St. Pölten. Das legendäre Augustiner-Chorherrenstift Herzogenburg. Der rosarot verspielte Turm der Stiftskirche ragt steil in den Himmel. Der Stiftshof, in strenger Symmetrie angeordnet und doch verträumt. Die steinerne Prälatenstiege führt zu den Arbeitsräumen von Propst Maximilian Fürnsinn, 69, einem Vordenker und Manager mit mächtiger Gestalt, wehender Kutte.

Er erinnert sich mit einem lachenden und einem weinenden Auge zurück. Etwa an sein Philosophie- und Theologiestudium Ende der 1960er-Jahre an der Ordenshochschule Klosterneuburg. „Die Predigtübungen vor den jungen Mitbrüdern waren schon arg, aber bei weitem nicht das Schlimmste", seufzt er. „Der Novizenmeister und Klerikerdirektor Walter Simek verfiel auf die ‚grandiose Idee', die Probe aufs Exempel zu machen – uns Maipredigten in der Pfarrkirche von Wien-Meidling halten zu lassen."

Gesagt, getan: Maximilian Fürnsinn bereitete sich gewissenhaft auf seine erste Predigt vor. „Aber es bleibt einem das Herz stehen, wenn man das erste Mal in einer voll besetzten Kirche auf der Kanzel steht", räumt er ein. „Ich hab damals g'redt und g'redt. Plötzlich steht eine Frau auf. Stellt sich in die Mitte der Kirche und schreit zu mir herauf: ‚Das stimmt so nicht!'" Der Theologiestudent erlebte diesen Schock, diese Schrecksekunden „wie eine Höllenfahrt".

„Ich war schweißgebadet und hab mir eingetrichtert: Du hast nur die Alternative, entweder du red'st weiter oder du flüchtest in die Sakristei. Ich hab also auf stark gespielt und der Frau von der Kanzel zugerufen: ‚Dem ist aber doch so – auch wenn es Ihnen nicht passt!' Und bin zum Amen gekommen." Es war das Fegefeuer, die Hölle auf Erden.

Aber erst in der Sakristei wurde der Prediger-Debütant endgültig von seinen Qualen erlöst. Durch den Pfarrer der Meidlinger Kirche, der ihm sagte: „Jessas na, ich hab vergessen, dir vorher zu sagen: Wir haben da a Spinnerte unter den Kirchenbesuchern. Die red't bei den Predigten immer wieder z'ruck."

„LASS DIR NOCH EIN BISSERL ZEIT"

Im Neuen Testament ist über Pfingsten nachzulesen: Plötzlich entstand ein Brausen vom Himmel. Zungen erschienen, zerteilt wie von Feuer. Und alle wurden vom Heiligen Geist erfüllt. Maximilian Fürnsinn firmt jedes Jahr rund tausend junge Menschen. „Es ist mir ein inneres Anliegen", erklärt er das. Einmal spendete er auch in Hollabrunn das Sakrament der Firmung.

Der Pfarrer sagte ihm: „Du, bei uns ist es üblich, dass die Firmlinge einen Bibelspruch sagen. Du musst halt ein paar Worte dazu sprechen." Der Propst war von dieser Idee nicht gerade erbaut, schloss mit dem Pfarrer aber einen Kompromiss: „Die Buam sagen ihren Bibelspruch auf, aber ich erwidere darauf nichts – und firm' sie."

Ein zwölfjähriger Schüler machte ihm da aber einen dicken Strich durch die Rechnung. Er trat vor Maximilian Fürnsinn hin und sagte frisch von der Leber weg: „Mein Bibelspruch lautet: ‚Seid fruchtbar und vermehret euch.'" Da konnte der Propst nicht umhin, auf die Bremse zu steigen: „Das ist alles schön und gut, aber lass dir, bitte, noch ein bisserl Zeit."

DER CHOR DER FLEISCHHAUER

Maximilian Fürnsinn ist das vierte Kind eines Fleischhauers aus Herzogenburg. Sein Vater beschied, der Filius sollte „etwas Anständiges lernen“ – also Fleischhauer. Und das tat Maximilian denn auch. 1952 wurde er sogar als bester Lehrling ausgezeichnet. Doch schon bald fühlte er eine „innere Berufung“ und änderte seine Lebensplanung, das Berufsziel: Aufbaugymnasium, Matura mit Auszeichnung, Studium, Novize, Kaplan, seit 30 Jahren Propst und für weitere zehn Jahre wiedergewählt. Aber er hat seine Beziehungen zu den Wiener Fleischhauern nie abgebrochen, immer gehegt und gepflegt.

Joseph II. war ein bedeutender Reformkaiser. Er erließ das Toleranzpatent, mit dem Juden, Griechisch-Orthodoxen und Protestanten Religionsfreiheit gewährt wurde. Er hob aber auch 738 von den 2163 Klöstern in Österreich und Ungarn auf. Papst Pius VI. eilte eigens nach Wien, um den Monarchen zu bewegen, diesen „Frevel“ rückgängig zu machen. Vergeblich. Herzogenburg aber blieb von diesen Reformen nicht nur verschont, sondern bekam sogar noch zwei aufgelassene Stifte als Pfarren zugeteilt: Dürnstein und St. Andrä.

Maximilian Fürnsinn ging vor rund 20 Jahren daran, die Dürnsteiner Pfarrkirche Mariä Himmelfahrt, die auf einem Felsen über der Donau thront, zu sanieren. Er ersuchte die Wiener Fleischhauer, ihn dabei finanziell zu unterstützen. Etwa bei der Restaurierung der Statue des heiligen Nikolaus am Fuße der Kirche. „Wir haben zu bedenken gegeben, dass unser Schutzpatron Johannes der Täufer ist“, erinnert sich Kommerzialrat Erwin Fellner, der Obmann des Fleischhauer-Chores. „Aber der Herr Propst bemerkte dazu nur trocken, dass man in unserer Branche zwei Schutzpatrone gut gebrauchen könne.“

Die Fleischhauer wollten natürlich wissen, wie viel sie für die Restaurierung der Nikolausfigur beisteuern sollten. „Na ja, so 40.000 Schilling“, schätzte Maximilian Fürnsinn über den Daumen gepeilt. Die tatsächlichen Kosten waren dann doppelt so hoch: 80.000 Schilling. Jetzt war guter Rat teuer. Aber der Propst wusste sich zu helfen. Er schrieb an seine Sponsoren einen Brief mit der tagtäglichen Fleischhauer-Frage: „Derf's ein bisserl mehr sein?“ Im Antwortbrief stand kurz und bündig: „Ja, wir werden für unseren teuren Patron aufkommen.“ Das Wort „teuren“ dreimal unterstrichen.

Er ist ein Wahrzeichen der Wachau, der schlanke, blau-weiße Turm des Stiftes Dürnstein. Vor einer malerischen Kulisse: Weingärten, Wälder, eine Burgruine, in der laut Legende der Britenkönig Richard Löwenherz gefangen gehalten und durch seinen Sänger Blondel entdeckt worden war. Und die Stiftskirche selbst: ein Prunkportal, weiß-goldene Stuckaturen, Chorgestühl, ein barocker Kreuzgang mit Martin Johann Schmidts Krippenaltar über die Weihnachtsgeschichte und dem Heiligen Grab von A. Galli-Bibiena in Form eines Theaters mit Kulissen.

Es ist schon Tradition: Seit 20 Jahren singt hier der Chor der Wiener Fleischhauer (Dirigent: Karl Wilhelm Hagemayer) zu Mariä Empfängnis am 8. Dezember. „Das klingt recht ordentlich“, versichert Maximilian Fürnsinn. „Da wird nicht gezirpt, da ist eine Resonanz vorhanden.“ Fahnenjunker sammeln mit gezogenem Hut Spenden: Ein Drittel kommt dem Stift zugute, zwei Drittel dem Chor.

Es gibt derzeit 30 Sänger: nur noch acht Fleischhauer, ergänzt durch Drucker, Zahntechniker, Grafiker, Lehrer usw. Den Abschluss bildet jeweils ein Riesenheuriger im „Mittelbach Keller“: Bei Wein und kalter Platte werden viele Lieder angestimmt – und der Propst singt natürlich kräftig mit.

ZU EHRLICH FÜR DIE POLITIK

Sie war viel zu ehrlich für die Politik. Stolperte von einem Fettnäpfchen ins andere. So die Kurzcharakteristik der früheren Gesundheitsministerin Andrea Kdolsky. Tatsache ist, dass sie offen eingestand, hin und wieder ein Beruhigungszigaretterl zu rauchen und sich hin und wieder an einem Schweinsbraten zu delektieren. Sie löste damit eine Lawine der Empörung aus. Wie kann eine Gesundheitsministerin so etwas sagen? Doppelte Moral feierte fröhliche Urständ. „Ich habe die Ministerin bei der Eröffnung unseres Barockgartens kennengelernt. Sie hat dort eine sehr gute Figur gemacht", schmunzelt Maximilian Fürnsinn.

Angriff ist die beste Verteidigung. Daran hielt sich auch Andrea Kdolsky. Sie veröffentlichte das Kochbuch „Schweinsbraten & Co." (Holzhausen Verlag). Mit einem Beitrag von Maximilian Fürnsinn unter dem Titel „Schopfbraten nach böhmischer Art". „Das Rezept hab ich von einer Stiftsköchin bekommen", verriet er. „Allzu g'sund ist es nicht. Aber ich hab gelesen, dass 50% der Dicken kerngesund sind. Das hab ich auch meinem Arzt auf den Kopf zugesagt, als er gestänkert hat: ‚Du hast schon wieder zugenommen. Abnehmen, mehr Bewegung, weniger essen.' Und besagter Arzt hat noch hinzugefügt: ‚Dass 50 Prozent der Dicken kerngesund sind, stimmt schon. Aber du gehörst zu den anderen 50 Prozent.'"

DAS REZEPT „SCHOPFBRATEN NACH BÖHMISCHER ART“ VON PROPST MAXIMILIAN FÜRNSINN:

Zutaten:
4 dickere Scheiben Schopfbraten (ohne Knochen)
3–4 Knoblauchzehen
1–2 Esslöffel Senf
Öl zum Braten
1–2 Zwiebeln
1–2 Karotten
¼ Sellerieknolle
1 Petersilwurzel
einige Pfefferkörner
4 Dörrzwetschken
200 ml Weißwein
Salz, Pfeffer, Muskatnuss

Die Schopfbratenscheiben mit Salz, Pfeffer, etwas Muskatnuss, gepresstem Knoblauch und etwas Senf würzen. Fleisch in einer Pfanne bei moderater Hitze in Öl beidseitig anbraten. Das Gemüse (Zwiebeln, Karotten, Sellerie und Petersilwurzel) grob schneiden und in einer anderen Pfanne bei mäßiger Hitze nacheinander ganz langsam anrösten. Einige Pfefferkörner darüber streuen. Wenn das Gemüse halbwegs angedünstet ist, die entkernten Dörrzwetschken zugeben.

Sobald das Fleisch gut durchgebraten ist, mit Weißwein aufgießen und den Inhalt der zweiten Pfanne darüberleeren. Pfanne abdecken und das Fleisch 30–40 Minuten lang weichdünsten.

Diesen böhmischen Schopfbraten kann man auch als größeres Stück im Ganzen zubereiten. In diesem Fall gibt man Gemüse und Dörrzwetschken reichlich auf ein Geschirrtuch, rollt den Schopfbraten darin ein und legt das Ganze ein bis zwei Tage in einen verschließbaren Behälter in den Kühlschrank. Danach wird der Schopfbraten gesalzen, gewürzt und mitsamt den Ingredienzien gebraten. Die im Gefäß abgesetzte Flüssigkeit wird zum Aufgießen verwendet.

Maximilian Fürnsinn ist immer zu Scherzen aufgelegt. Und so garniert er sein Rezept mit dem wohlgemeinten Ratschlag: „Sinnvoll ist es auch, bei diesem Essen die Handynummer seines Hausarztes bei sich zu haben"

DER NUNTIUS IN NÖTEN

Der Apostolische Nuntius in Wien, Opilio Rossi, hatte die Statur eines römischen Intellektuellen, rhetorisch brillant, feingliedrig, sensibel. Seine einzige Schwäche bestand darin, dass er eine unerklärliche Angst vor Hunden hatte. Vielleicht auf ein traumatisches Erlebnis in der Kindheit, in der Jugend zurückzuführen. „Mein Vorvorgänger hat hier in der Prälatur einen grantigen Hund, die Stella, gehalten", erzählt der Abt des Stiftes Herzogenburg, Maximilian Fürnsinn. „Ich hab gerade die Cappa Magna, die lange Schleppe, des Nuntius für den Einzug in die Kirche hergerichtet. Da schießt die Stella herein – direkt auf Opilio Rossi zu. Und der, in seiner Angst vor Hunden, fängt zum Rennen an – zur nächsten Tür, reißt sie auf, bleibt aber mit dem G'wand hängen. Mein Vorvorgänger hat das im ersten Schock nicht gerade in der feinen englischen Manier kommentiert: „So was Blödes, rennt der Nuntius vor an Hund davon!"

„NASE NICHT WEGREISSEN"

Der frühere Propst des Augustiner-Chorherrenstifts Klosterneuburg, Pater Gebhard Koberger (1953–1994/95), war ein Original, schon zu Lebzeiten eine Legende. Er verhandelte mit Erzbischof-Koadjutor Franz Jachym und Militärbischof Alfred Kostelecky nach 1945 über das neue Verhältnis Kirche–Staat. Keine leichte Aufgabe, die er und seine Mitstreiter aber bravourös gemeistert haben. Ganz im Sinne von Kardinal Franz König, der die Kirche aus dem politischen Tagesstreit herauszog und nur noch zu Grundsatzfragen Stellung beziehen ließ. „Ich hab damals als Novize im Stift Klosterneuburg die Aufgabe gehabt, dem Abt zu Leopoldi den Hermelin überzuziehen“, erzählt Maximilian Fürnsinn. „Das war sehr schwierig. Da gab's furchtbar viel G'wand. Abt Gebhard Koberger zog schließlich mit dem Hermelin in die Kirche ein. Ich hab aber vergessen, die Masche oben aufzumachen. Jetzt ist er mit der Nasen drinnen g'hängt. Und hat mir zugerufen: ‚Herr Max, reißen S' mir net die Nasen weg.‘“

DAS KLEINE WEINFASSL

Maximilian Fürnsinn übernahm eine diplomatisch höchst brisante Aufgabe. Er vertrat das Land Niederösterreich ein Jahr hindurch als Weinbotschafter. Der Abt eilte von einer promillehältigen Veranstaltung, von einer Weintaufe zur anderen. „Bei der Landesweintaufe in unserem Kloster Herzogenburg waren der Wiener Bürgermeister Michael Häupl und Raiffeisenchef Christian Konrad dabei“, erzählte der Abt. „Bei der Taufe auf der Bühne hab ich nur ein kleines Fassl g'sehn“, schmunzelte er. „Mein Kommentar dazu lautete schlicht und einfach: ‚Also wegen dem Fassl hätt's kan Prälaten braucht. Das hätt' a frisch g'fangter Kaplan genauso guat g'macht.‘“

„DIE HOSE IST WEG“

Manchmal passieren Missgeschicke, die zum Heulen und zum Lachen sind. Etwa in Herzogenburg bei der Osternacht- und Auferstehungsfeier. Ein tschechischer Pfarrer holte die Monstranz, klagte aber plötzlich: „Die Hose ist weg.“ Bei Maximilian Fürnsinn läuteten alle Alarmglocken. „Die Hose ist mir beim Monstranzholen heruntergerutscht“, verzweifelte der Pfarrer. „Das war peinlich, wenngleich der Unglücksrabe ohnedies ein Messgewand trug“, so Maximilian Fürnsinn. „Er ist dann aus der Hose gestiegen. Wir haben sie feierlich in die Sakristei getragen. Und er ist mit der Monstranz weitergegangen." Niemand in der Kirche hatte dieses Malheur mitbekommen.

DIE SEELE – EIN WEITES LAND

Aber all das darf nicht darüber hinwegtäuschen: Das Leben der Augustiner-Chorherren ist auf Gott hin ausgerichtet. Chorgebet und Eucharistiefeier sind der Herzschlag des Klosterlebens. Arthur Schnitzler philosophierte: „Die Seele ist ein weites Land." Augustiner-Chorherr zu werden ist ein langer Prozess, ein weiter Weg: ein Probejahr (das Noviziat), einfaches Gelübde für drei Jahre, Theologiestudium, ewiges Gelübde. Letzteres beinhaltet: Gott geweihte Ehelosigkeit, Gehorsam und Verzicht auf persönliches Eigentum.

„Man hat zwei Augen zu viel, um zu sehen", schreibt Rainer Maria Rilke in seiner „Weise von Liebe und Tod des Cornets". Tatsächlich ist es eine Fülle von Eindrücken, die bei einem Rundgang durch das Chorherrenstift auf einen einstürzen, faszinieren: Prälatenstiege, Festsaal, gotische Tafelbilder, Chorkapelle, Bibliothek, Stiftskirche, Prälatengarten usw. Die Prunkstücke sind, so Maximilian Fürnsinn, die gotischen Tafelbilder des jüngeren Asbacher Hochaltars. Auf der einen Seite zeigen sie die Kindheit Jesu, auf der anderen die Leiden Jesu.

Im ehrwürdigen Augustiner-Chorherrenstift wird derzeit gesägt, gebohrt und gehämmert. Kein Wunder: Bis zum 900-Jahr-Jubiläum 2012 soll es in neuem Glanz erstrahlen. Das Stift hat in seiner wechselvollen Geschichte immer wieder überlebt: die Aufhebung der Klöster durch den Reformkaiser Joseph II., den Psychoterror der NS-Diktatur. Auch die Übergriffe der sowjetischen Besatzungsmacht nach 1945. Aber darum ranken sich schon wieder Legenden.

IM BETT DES PRÄLATEN

Der neue Bürgermeister von Herzogenburg, ein strammer Kommunist, zog den sowjetischen Befreiern mit weißer Fahne entgegen. Prompt bekam er eine Lektion erteilt, dass es im panslawistischen Paradies auch Sündenfälle gibt. Ein russischer Offizier nahm ihm mir nichts, dir nichts die Armbanduhr ab. Die Bevölkerung flüchtete vor den Sowjets ins Stiftskloster. Auch die Fleischhauer-Familie Fürnsinn, die Strohpritschen im Keller zugeteilt bekam. In der Prälatur waren Apotheke, Seuchen- und Geburtenstation untergebracht. „Im Bett des Prälaten wurden sechs Kinder entbunden", steht noch heute im Taufbuch nachzulesen.

VON „KINDERSOMMER" BIS „HERZOGENBURGER GESPRÄCHE"

Also Kreativität kann man den Chorherren aus Herzogenburg nicht absprechen. So veranstalten sie alljährlich den „Niederösterreichischen Kindersommer". Mit Puppentheater, Musik, Zirkus usw. 20.000 Kinder belagern alle Säle, Gänge und Gärten. „Kinder und Kirche passen gut zusammen", resümiert Maximilian Fürnsinn. Aber es gibt nicht nur Spaß, Spannung und Abenteuer, sondern auch das Angebot, tiefer zu gehen, schärfer zu sehen: an der Mittagshore oder den Lagerfeuer-Messen der Chorherren teilzunehmen.

Und auch die Pilgerherberge wurde ausgebaut. Immer mehr Pilger machen auf dem Jakobsweg Station auch in Herzogenburg. „Sie können bei uns übernachten, beim Chorgebet und beim Essen teilnehmen", erzählt der Propst.

In den Niederungen der Innenpolitik wird immer wieder dazu aufgerufen, Polemik pur durch einen Wettbewerb der besten Ideen zu ersetzen. Bei den Chorherren gibt es das schon längst: die „Herzogenburger Gespräche", der „Arbeitskreis

Theologie und Psychologie“, ökumenische Begegnungen usw. Im Oktober 2008 wurde auch ein Stück Zeitgeschichte aufgearbeitet, ein heißes Eisen angefasst. Unter dem Titel „1938 – Kirche im Kulturkampf“. Mit dem Schauspieler Fritz Muliar, den Historikern Annemarie Fenzl, Maximilian Liebmann, Kurt Diemann-Dichtl, dem Soziologen Leopold Rosenmayr, dem Augustiner-Chorherrn Petrus Stockinger und meiner Wenigkeit.

PROPST MIT MORDGEDANKEN

Wenn Maximilian Fürnsinn die Wellness-Manie persifliert, bleibt kein Auge trocken. „Ich bin kein Freund von Kuren“, räumt er ein. „Aber ich ließ mich überreden, einmal eine zu machen, weil das so gesund ist.“

Und so erzählt der Propst über seinen „Leidensweg“ in der Kneippkuranstalt Marienkron im burgenländischen Mönchhof. „Ich komm hin, sitzt eine Schwester in der Rezeption und sagt: ‚Der Arzt wartet schon auf Sie.‘“ Ich wagte einzuwenden: ‚Ich mach gar keine Kur. Ich will nur ein paar Tage Ruhe.‘ Die Schwester ungerührt: ‚Gehn S' hin.‘ Der erste Gedanke, der mir durch den Kopf schoss, als ich die Ordination betrat: ‚Wenn einer eine Kur braucht, dann nicht ich, sondern der.‘ So schlecht hat der Arzt ausgeschaut. ‚Ich seh schon alles‘, sagte dieser und begann die Kurkarte anzukreuzen. Je mehr ich widersprach, desto mehr Kuranwendungen wurden mir verschrieben.“

Die erste Konsequenz davon bekam der Propst schon in aller Herrgottsfrüh zu spüren.

„Da stand, o Schreck, eine Frau in meinem Schlafzimmer und forderte mich auf: ‚Ziehen Sie den Pyjama aus. Sie werden jetzt kalt abgewaschen.‘ ‚Entschuldigung, Sie sind im falschen Zimmer‘, versuchte ich die Tortur abzuwenden. ‚Na, na, i waß scho, wo i bin‘, kam es schnippisch zurück. Und insistierend: ‚Jetzt kommt die Waschung.‘“

Nach dem nächtlichen Abenteuer erlebte der geistliche Herr beim Frühstück die nächste böse Überraschung: „Sie hatten mich auf ganz wenig Kalorien gesetzt. Die Suppe war nur noch von einer Karotte durchzogen“, erinnert er sich mit Schrecken. Die Sitznachbarin, eine üppige Wienerin, brachte den Kurgast aus Herzogenburg in einen „psychologischen Ausnahmezustand“. „Sie sagte zu mir, nachdem ich schon drei Tage gehungert hatte: ‚Herr Propst, Sie essen zu viel Knäckebrot‘“, schildert Maximilian Fürnsinn. „Ich hab schon das Messer in der Hand gehabt und mir gedacht: ‚Die morde ich!‘ Es war auch eine unmögliche Situation. Die Frau hat zu Mittag immer zwei Nachspeisen serviert bekommen. Und ich bin dort g’sessen mit meinem Supperl.“

Nach fünf Tagen war das Kasteien vorbei, die Kur zu Ende. „Ich bin Freitagabend mit dem Fahrrad nach Podersdorf gefahren – zum ‚Gasthaus zur Dankbarkeit‘“, schwelgte der Propst in Erinnerungen. „Ich hab einen Fogosch gegessen, Somloer Nockerln – also eine Biskuitmasse mit Kakao, Vanillepudding und in Rum getunkten Rosinen. Dazu zwei Glaserln Welschriesling getrunken.“ Die Welt war wieder in Ordnung.

IN DER KLAUSUR

Auf der Westautobahn in Richtung Linz. Vorbei an einem Lkw-Zug nach dem anderen. Links die Schallaburg mit Renaissancehof, Arkaden, Terrakottafiguren. Rechts das Benediktinerstift Melk auf einem Felsthron über der Wachau. Mit verspielten Barockkonturen, die sich im Altarm der Donau widerspiegeln. Das Stiftsportal, flankiert von Basteien, mit Statuen der Heiligen Leopold und Koloman. An der Pforte wartet auf mich Adolf Marker, seit 1984 Gastpater – der längstdienende seiner Kongregation. Und ich bin einige Tage Gast in dem Kloster, um mit den Mönchen zu beten, zu singen, zu meditieren. Der Weg führt durch den Prälatenhof, dann rechts durch die Tür in den Wirtschaftshof zur Klausur im zweiten Stock. Schmiedeeisernes Tor, lang gestreckter Gang mit Steinboden. Rechts Stiche über das Leben des heiligen Benedikt, links die Gemälde der Äbte – bis zu Burkhard Ellegast.

Beim Eingang ein Anschlagbrett mit Sprüchen, Aussagen, die beweisen, dass es auch hinter Klostermauern Humor gibt:

Der Klügere gibt nach, bringt die Dummen an die Macht, warnte Marie von Ebner-Eschenbach – und recht hatte sie.

Wer immer arbeitet wie ein Pferd, fleißig ist wie eine Biene, abends müde ist wie ein Hund, muss zum Tierarzt gehen, weil vielleicht ist er ein Kamel.

Oder: Ob eine schwarze Katze Unglück bringt oder nicht, hängt davon ab, ob man ein Mensch oder eine Maus ist, besagt ein chinesisches Sprichwort.

AUSSTIEG AUS DEM ALLTAG

Das Zimmer in der Klausur ist – geräumig, hell: mit Kruzifix, Biedermeierluster, Bücherregal, Schreibtisch, Schreibtischlampe, Sitzgarnitur, Bett und dem offenbar auch hier unvermeidlichen Fernsehgerät. Samt kleinem Badezimmer nebenan.

Für die Benediktiner beginnt der spirituelle Tagesablauf um 6.30 Uhr – am Sonntag um 7 Uhr – mit einer Morgenhore in der Chorkapelle: an der Stirnseite ein Kruzifix, das Deckenfresko von Johann Weibel zeigt Leben, Tod und Himmelfahrt des heiligen Benedikt. Die Mönche beginnen im Chorgestühl mit einem sogenannten Invitatorium. Einem Psalm, der langsam, gedehnt gebetet werden soll – mit Rücksicht auf Zuspätkommende. Toleranz ist auch eine benediktinische Tugend. Die Mönche sitzen oder stehen im Chorgestühl, beten, singen: gemeinsam bzw. abwechselnd die rechte, dann die linke Seite. Nach dem monastischen Stundenbuch, das so manche Sätze, Bekenntnisse in leuchtender Sprache enthält. Der Chorobere (Abt, Prior usw.) beginnt und beendet die Meditationspause mit einem Klopfzeichen. Schweigen, Stille – und wieder Gebete, Gesang.

Morgenhore: Invitatorium, Hymnus, Nokturn, Stille, Responsorium, Laudes, Benedictus.

Abendhore: Hymnus, Psalmen der Vesper, Lesung, Stille, Responsorium, Complet, Magnifikat, Vater unser, Marianische Antiphon.

Anschließend das Frühstück im sogenannten Rupertinum, einem Zimmer gleich neben der Küche: Kaffee, Tee, Milch, Teebutter, Käse, Käsewurst, Wiener Wurst, Nutella, Himbeer-, Sauerkirsch-, Marillenmarmelade, Honig, Semmeln, Schwarzbrot.

Adolf Marker über die Motive von Menschen, sich für einige Zeit in das Kloster zurückzuziehen: „Wir haben Stammgäste, die jedes Jahr mit uns Ostern feiern. Oder für eine gewisse

Zeit aus dem Alltag aussteigen, um für den Beruf wieder aufzutanken.“ Quer durch alle Bevölkerungsschichten: Politiker, Professoren Studenten, Arbeiter. „Ich komme gerade aus Göttweig nach Melk“, erzählt ein junger Mann. „Per pedes, nur mit einem Rucksack, ohne Handy, auf dem Weg nach Santiago de Compostela.“ Und nach einigen Minuten rückt er heraus: „Ich habe viel gearbeitet, meine Familie vernachlässigt – und muss jetzt eine berufliche Entscheidung treffen.“ Und Pater Adolf erinnert sich an einen Unternehmer, der erst vor wenigen Tagen seinen Betrieb an seinen Sohn übergeben hat. Und jetzt ebenfalls nach Santiago de Compostela pilgert, um, wie er sagte, „die Selbstentfaltung seines Nachfolgers nicht zu behindern“.

Die Melker Stiftskirche ist eine Barocksymphonie von Formen und Farben: Gold, Orange, Ocker, Grau und Grün. Über dem Tabernakel steht die Tiara, also eine Papstkrone, darüber die Statuen der Apostel Petrus und Paulus. An der linken Seite vor dem Hauptaltar der Sarkophag des heiligen Koloman. Die Benediktiner beten hier am Sonntag – an den Wochentagen in der Chorkapelle – um 12 Uhr die Mittagshore. Ihr Altabt Burkhard Ellegast lädt die Gläubigen ein, „in der Mitte des Tages etwas innezuhalten“. Mit den Worten: „Der Herr führt uns hinaus in die Freiheit. In unserem Gott überspringen wir Mauern.“

Nach der Gebetsstunde folgt das Mittagessen im Refektorium des Klosters. An den Wänden Gemälde der Himmelfahrt Mariens, der Apostel Petrus und Paulus, des heiligen Benedikt, der heiligen Scholastika. Vor und nach dem Essen wird gebetet, gelesen aus dem Alten Testament, aus den Ordensregeln. Gesprächsthema ist die Ausstellung in den Kaisersälen des Stifts. Konkret: der spektakuläre Wechsel vom überladenen Barock zur asketischen Aufklärung. Garniert mit Erzählungen über den „Sparsarg“ von Joseph II.

MEA CULPA

Durch meine Schuld. Mir ist nichts Besseres eingefallen. Es wäre heiterer gewesen, Anekdoten zum Besten zu geben. Etwa aus den Niederungen der österreichischen Innenpolitik. Da gibt es genug zu erzählen. Aber nein, da sprechen wir über den Sparsarg. In der Ausstellung steht ein Modell davon. Die untere Holzplatte konnte bewegt werden, der Leichnam, in einen Sack gehüllt, ins Grab plumpsen. So soll auch Wolfgang Amadeus Mozart bestattet worden sein. Den Wienern ist vieles zuzutrauen. Fazit: Der Sarg war wieder voll verwendbar. Ein bisserl makaber, aber nicht mehr zu ändern. Nachzutragen ist nur noch: Kaiser Joseph II. musste seine Reform rasch rückgängig machen. Die Wiener lassen sich ihre „schöne Leich" nicht nehmen.

Während wir darüber im Refektorium plaudern, werden Rindssuppe mit Nudeln, Rindsgulasch mit Nockerln und Melanzani serviert. Dazu kredenzt man uns Mineralwasser, Fruchtsäfte, Rot- und Weißwein und eine Melange.

Diskussionsstoff bildet auch, aber nur kurz, Kaiser Franz Joseph, der am 4. August 1903 beim Konklave für einen Eklat gesorgt hatte. Er ließ allen Ernstes gegen die Wahl des Favoriten Kardinal-Staatssekretär Rampolla del Tindaro Einspruch erheben. „Weil er dem Monarchen offenbar zu franzosenfreundlich war", vermutet der Grazer Kirchenhistoriker Maximilian Liebmann. Nun, wir rätseln beim Mittagessen im Refektorium, durch wen Kaiser Franz Joseph vor 106 Jahren das Veto einbringen ließ: durch den Lemberger Erzbischof Józef Bilczewski oder den Krakauer Fürstbischof Jan Puzyna? Es war Letzterer. Auch Rampolla musste infolge der politischen Intervention die bittere Erfahrung machen: „Wer als Papst ins Konklave einzieht, kommt als Kardinal heraus." Zum neuen Pontifex wurde der Patriarch von Venedig, Giuseppe Sarto, gewählt, der als Pius X. prompt das Einspruchsrecht von Monarchen bei

Konklaven abschaffte. Er hielt in seiner Konstitution „Commissum nobis“ fest, dass jede weltliche Einmischung mit Exkommunikation geahndet werden solle.

Der Blick aus der Klausur: auf der einen Seite die mächtige Kuppel des Stiftes, die schlanken Kirchtürme, auf der anderen der Konventgarten, mit Springbrunnen, Apfel- und Feigenbäumen, Weinstöcken, Rosen, Tulpen, Astern, Dahlien usw. Es herrscht hier eine unglaubliche Ruhe. „Das ist unsere Oase – öffentlich nicht zugänglich, nur den Mönchen und deren Gästen vorbehalten“, sagt Pater Adolf. Das muss man verstehen. Bei der friedlichen Invasion der Touristen, die mit Donauschiffen, Bahn, Bussen, Pkw angereist kommen. Im Jahresschnitt rund 450.000 an der Zahl. Eine babylonische Sprachenverwirrung: Was ist da nicht alles zu hören! Englisch, Französisch, Italienisch, Spanisch, Niederländisch, Ungarisch, Tschechisch, Slowakisch, Slowenisch, Kroatisch, Polnisch, Russisch, Deutsch usw. Den Besuchern steht allerdings der Stiftsgarten gleich rechts vor dem Eingang zur Verfügung: englischer Landschaftspark, Heil-, Gewürz- und Duftkräuter, Gartenpavillon, Wasserbecken, uralte Lindenbäume. Und: „Sprechende Steine“ – Kinder erzählen die Schöpfungsgeschichte.

IMPERIALER GLANZ DES KAISERTRAKTES

„Die Geschichte lehrt ständig, findet aber keine Schüler“, beklagte einst die Schriftstellerin Ingeborg Bachmann. Das stimmt für die Melker Mönche sicher nicht, die nach den Regeln des heiligen Benedikt leben: „Ora et labora et lege“, beten, arbeiten, lernen – auch aus der Geschichte. So etwa im imperialen Glanz des Kaisertraktes, der Kaiserstiege und des Kaiserganges – immerhin 196 Meter lang. An den Wänden Bilder von Monarchen: Babenberger, Habsburger – bis zum letzten der Dynastie, Kaiser Karl. In den Kaiserzimmern: die Aufarbeitung der 920

Jahre alten Geschichte des Stiftes mit allen Licht- und Schattenseiten. Es geht um Werte, Kunstschätze des christlichen Abendlandes, die über Jahrhunderte bewahrt, verteidigt und bis heute weitergegeben wurden: das Tragaltärchen der Swanhilde mit Elfenbeinreliefs, die Szenen aus dem Leben Christi zeigen; das zutiefst beeindruckende spätromanische Crucifixus, ein Geschenk der ältesten Kirche von Wien, St. Ruprecht; die Tafelbilder eines doppelflügeligen Altars von Jörg Breu. Die Menschen konnten damals kaum lesen und schreiben – also wurden sie via Bilder instrumentalisiert: mit karikaturhaften Darstellungen, die Mitleid, Abscheu, Trauer erwecken sollten.

GOTTESURTEIL ZUM MELKER KREUZ

Das Stift Melk, das hat schon seine Spuren in der Kirchengeschichte hinterlassen. Etwa durch das Melker Kreuz, das ein Partikel des Kreuzes Christi enthalten soll. Zweimal wurde diese legendenumrankte Reliquie gestohlen. 1169 tauchte sie im Wiener Schottenstift wieder auf. Ein Gottesurteil zwischen den beiden Äbten entschied darüber, welchem Kloster die Reliquie zufallen sollte. Das Kreuz wurde in Wien-Nußdorf auf ein Boot gelegt – und neigte sich stromaufwärts in Richtung Melk. Der zweite Diebstahl wurde 1362 von einem „ehrsamen" Bürger des Marktes Emmersdorf verübt. Der Straftäter besaß die Kühnheit, ja Unverfrorenheit, es an den Kaiser in Prag verkaufen zu wollen. Er kam aber nur bis Maria Laach am Jauerling, wo er die Beute hinter dem Marienaltar versteckte, ergriffen und hingerichtet wurde. Viel Federlesens hat man damals nicht gemacht.

DIE MELKER REFORM

Die Melker Reform ist aus der Geschichte der Benediktiner nicht wegzudenken. Den Mönchen wurde vorgeworfen, zu elitär, zu verweltlicht, zu abgehoben zu sein. Auf Initiative von Herzog Albrecht V. wurde beim Konzil von Konstanz (1414–1418) eine Reform der österreichischen Klöster beschlossen. Die Zeiten des „gemeinsamen Gebets und des Fastens“ sollten demnach wieder streng eingehalten werden. In der Broschüre „Stift Melk“ von Burkhard Ellegast und Ernst Bruckmüller wird eine Handschrift über reformierte und nichtreformierte Klöster zitiert: Während der Abt eines nichtreformierten Klosters weltliche Kleidung trug, offenkundig Liebhaber der Falkenjagd war, sein Prior geldgierig, seine Mönche lasterhaft und faul und allesamt dem Teufel verfallen, erscheint das Leben im reformierten Kloster geprägt von den „Tugenden der Liebe, Demut und des Gehorsams“.

DER PÄDAGOGISCHE AUFTRAG

Der heilige Benedikt betrachtete den Menschen immer als Ganzes, immer als Einheit von Körper und Geist, Verstand und Gefühl. Die 30 Mönche von Melk betreuen nicht nur das Stift und 23 Pfarren, sondern widmen sich vor allem auch der Ausbildung junger Menschen: Das Stift führt ein öffentliches Gymnasium mit alt- und neusprachlichem Zweig, ein Oberstufenrealgymnasium mit musischem, bildnerischem und naturwissenschaftlichem Angebot. Mit insgesamt 82 Professoren, 930 Schülern in 34 Klassen.

Psychologie hin, Pädagogik her, die Schulgeschichte von Melk hat auch manche Skurrilitäten aufzuweisen: So etwa Ketten mit Medaillen, die den Klassenbesten verliehen wurden. Oder das „Buch der Ehre“, in das gute Schüler, bzw. das „Buch der Schande“, in das schlechte Schüler eingetragen wurden. Alles Schnee von gestern. Gott sei Dank. Die Schulen des Stiftes Melk zählen heute zu den besten Österreichs. Der derzeitige Abt Georg Wilfinger plädiert dafür: Die menschliche Begegnung soll zur Erkenntnis dessen führen, was Gottes Wille ist. Schön, wenn das gelebt wird …

WO HIMMEL UND ERDE EINANDER BERÜHREN

Ein Blick aus dem Autofenster auf der Südautobahn knapp vor dem Semmering. Aus dem tiefgrünen Fichtenwald des Sonnwendsteins schälen sich Stück für Stück die schlanken Zwiebeltürme der Wallfahrtskirche Maria Schutz, das Passionistenkloster usw. Im Kircheninneren: Auf dem Hauptaltar die gotische Holzstatue Mariens mit dem Jesuskind im Arm. Auf der Rückseite des Hauptaltars das sogenannte Augenbründl, eine Quelle, der gewisse Heilkraft nachgesagt wird. „Wallfahrtskirchen sind eben Orte, wo Himmel und Erde einander berühren", philosophierte Provinzial Pater Gregor Lenzen.

60 SCHWEINSBRATEN ALS HONORAR

Es ist schon ungewöhnlich, das Honorar, das der Architekt Rudolf Wiesbauer forderte: 60 Schweinsbraten für die Entwürfe zu einer neuen Kapelle in Maria Schutz. Der Gastronom Rudolf Rumpler willigte prompt ein, weil er sich einen Kindheitstraum erfüllen wollte. Er hatte eine 200 Jahre alte Madonna, deren Modell offenbar eine bäuerliche Schönheit war, gekauft, restauriert und wollte jetzt eine Kapelle bauen. „Die Ideen zur Kapelle sind buchstäblich am Wirtshaustisch entstanden", räumt Rudolf Rumpler ein: das Schindeldach, der zwei Tonnen schwere Granitstein, auf dem die Marienstatue steht, die Hinterglasfenster, gemalt von seiner Frau Anvar, einer gebürtigen Norwegerin, und Christa Wallner.

Die Regenwolken hingen tief über Maria Schutz, als die Kapelle am 29. Mai 2009 eingeweiht wurde: von Bischofsvikar Pater Amadeus Hörschläger und dem Rektor des Passionistenklosters, Pater Hubert Dybala. Aus dem Granitstein unter der Madonnenfigur tritt Quellwasser aus. „Die Tränen der Muttergottes", vermuten Pilger. Was aus dem Honorar von 60 Schweinsbraten geworden ist? „Ich habe dem Architekten 60 Gutscheine gegeben, die er an Freunde weiterverteilt", erzählt Rudolf Rumpler. Bauernschläue ist also auch im Wallfahrtsort Maria Schutz gefragt.

DIE GEPLATZTE FINANZTRANSAKTION

Der Passionistenpater Alban Siegling erinnert sich an einen Mitbruder, den Ökonomen des Klosters, der mitten in der Nacht unsanft aus dem Schlaf gerissen wurde: durch „Schlapfen" – nobler ausgedrückt: Hausschuhe –, die mit „riesiger Wucht" gegen seine Klosterzellentür geschleudert worden waren. Wo Menschen sind, menschelt es. Auch hinter Klostermauern. Und der Mitbruder hatte eben seinen Frust etwas rustikal abreagiert. „Ich hab so schön geträumt, dass mir der Finanzminister einen Riesenzuschuss für ein Bauprojekt genehmigt", grantelte der Wirtschaftschef des Klosters den zerknirschten Missetäter an. „In dem Moment, in dem er es unterzeichnen wollte, hast du mich brutal geweckt. Mein Förderungsantrag ist nicht mehr unterschrieben worden. Du hast mich um den Schlaf, das Kloster um viele Millionen Euro gebracht."

ROTWEIN-ESSIG FÜR DEN NUNTIUS

Der päpstliche Nuntius Opilio Rossi besuchte auch Maria Schutz, die Kirche, das Kloster, die Passionisten. Bei einem gemeinsamen Mittagessen ersuchte er um ein Glas Rotwein. Der Konvent war aber „im Geist christlicher Nächstenliebe" auf

Weißwein eingeschworen. Also eilte Pater Albert Kofler in die Küche, um eine angebrochene Flasche Rotwein herbeizuzaubern. Seine Exzellenz, der päpstliche Nuntius Opilio Rossi, stellte nach der ersten Verkostung mit bedauerndem Achselzucken fest: „Aus dem an und für sich guten Rotwein ist Essig geworden."

OHREN- UND AUGENAMBULANZ

Pater Albert Kofler war schon zu Lebzeiten eine Legende, ein Original: weißhaarig, braun gebrannt, sportlich wie Luis Trenker. Er kannte jeden. Und jeder kannte ihn. Ein Aushängeschild. Eines Tages meldete er sich zur Ohren-Ambulanz der Barmherzigen Brüder in Wien ab. Pater Alban, damals noch Rektor bei den Passionisten in Maria Schutz, fragte ihn nachher, ob er ein Hörgerät benötige. „Aber nein", versicherte Pater Albert, „ich war nicht in der Ohren-, sondern in der Augenambulanz. Und die Ärzte haben mir dort gesagt, dass ich grauen Star habe und operiert werden muss."

DIE KLOSTERKÖCHIN

Sie war schon eine Institution in Maria Schutz am Semmering. Rektoren des Passionistenklosters kamen und gingen: die Patres Walter, Albert, Johannes, Michael, Peter und Alban. Aber die Pfarrersköchin Marianne Auer behauptete ihren Platz in der Küche. 27 Jahre hindurch – von 1971 bis 1998. Gemeinsam mit ihrer Kollegin Inge Tarkus. Was das Geheimrezept der Pfarrhaushälterin – so die korrekte Anrede – war? „Hausmannskost", schmunzelte sie. „Schweinsbraten, Rindfleisch, frischer Fisch, also Dorsch, Scholle usw. Mittwoch, Freitag und Samstag gibt es im Kloster fleischlose Tage. In der Advent- und Fastenzeit kommt noch der Montag dazu", erklärte die Klosterköchin in Ruhe. „Da muss man sich schon etwas einfallen lassen, wie: Gemüse- und Reisauflauf, Erdäpfelgulasch, Spaghetti mit Soße, Scheiterhaufen oder Krautfleckerln."

Natürlich gab es da auch amüsante Episoden, Erlebnisse: etwa mit dem Apostolischen Nuntius in Wien, Opilio Rossi (1961–1976), der mit der Klosterkatze „Muschi" spielte. Oder mit dem Wiener Weihbischof Florian Kuntner, der sportlich mit dem Fahrrad angereist kam. „Da können S' net durch", riefen die in die Wallfahrtskirche strömenden Pilger. „Aber Leutln, seids doch g'scheit. Lassts mich durch", rief dieser zurück. „Ohne mich könnt ihr nicht anfangen", schmunzelte Florian Kuntner. „Ich bin doch der Bischof." Schon öffnete sich eine Gasse zum Kloster.

MEINE SCHWIEGERMUTTER

Sie denken gerne an ihre Ministrantenzeit in Maria Schutz zurück, der „Kirchenwirt" Helmut Auer und der Seniorchef des Gasthauses „Zum Auerhahn", Rudolf Rumpler. An die Zeit, als nach 1945 die vertriebenen US-Patres Walter, Roland, Ambrosius Mc Guire wieder zurückkehrten. „Sie haben für uns im Kloster ein eigenes Zimmer eingerichtet – voll mit Spielzeug made in USA", erzählen beide. „Sie haben an die Einheimischen Käse in Dosen, Care-Pakete mit Lebensmitteln und Kleidungsstücken verteilt. Und sie inszenierten im Kurhotel und im Gasthaus „Zum Auerhahn" bäuerliche Komödien, in denen auch wir Kinder mitspielen durften."

Besonders wach ist noch die Erinnerung an Pater Walter. Schlohweiße Haare, gerötetes Gesicht, Knollennase, deutsch-englisches Kauderwelsch und viel Humor. „Er nahm immer eine Prise Schnupftabak", so Rudolf Rumpler, „überredete andere, ebenfalls ihr Glück mit Schnupftabak zu versuchen. Und lachte schadenfroh, wenn seine Opfer Niesanfälle erlitten." Pater Walter trieb, wie gesagt, bei allem Ernst in spirituellen Fragen gerne Schabernack. So zauberte er aus seinem Ordensgewand das Bild einer alten, runzeligen, zahnlosen Frau, die stark an eine Szene in Ferdinand Raimunds „Verschwender" erinnerte: Chevalier Dumont überhäuft im Wald ein Mütterchen, zerrissen gekleidet, auf dem Rücken ein großes Bündel Reisig, mit Komplimenten: „Du sein vortrefflich alt. Du sollen noch mehr Falten haben. Oh, die Natur." Pater Walter berief sich natürlich nicht auf Ferdinand Raimund, sondern behauptete unter schallendem Gelächter: „Das ist meine Schwiegermutter."

LETZTES WECKZEICHEN

Vor nicht allzu langer Zeit mussten die Passionisten schon um 1.30 Uhr in der Früh ihr erstes Chorgebet sprechen. Die Mitbrüder wurden durch drei Glockenzeichen geweckt: in den Intervallen von 20, 10 und 3 Minuten vorher. Wohl dosiert durch verschiedene Klangfarben und Lautstärken. Einer der Ordensleute hatte einen so gesegneten Schlaf, dass er dennoch nicht wach zu bekommen war. Also stellte man ihm eine „heimtückische Falle". Und zwar, indem man das dritte Glockenzeichen ausnahmsweise als erstes läutete – sehr intensiv natürlich. Besagter Klosterbruder schreckte aus dem Schlaf, stöhnte verzweifelt auf: „Nein, nicht schon wieder zu spät kommen." Und raste wie von der Tarantel gestochen zum Chorgebet, aber es hüllte sich alles in Schweigen. Ein Blick auf die Uhr zeigte ihm, dass er erstmals viel zu früh zum Gebet eingetroffen war. Eine Premiere, die noch viele Monate im Passionistenkloster für Gesprächsstoff sorgte.

DER DAMENFASCHING

Pater Albert Kofler hielt sich eisern an die Gebetszeiten. Da fuhr die Eisenbahn drüber, wie man so schön sagt. Vor der Karwoche vor einigen Jahren glänzte er um 20 Uhr im Chor durch

Abwesenheit. Der damalige Rektor, Pater Alban Siegling, begann sich Sorgen zu machen. Schnee, Eis, extrem kalte Temperaturen. Was konnte da nicht alles passieren? Also startete er mit Bruder Richard eine Suchexpedition. „Beim Rumpler (Gasthaus ‚Zum Auerhahn') war noch Licht", erinnerte sich Pater Alban. „Bruder Richard ging Nachschau halten, kam aber gut 15–20 Minuten lang nicht zurück. Da ahnte, wusste ich, was es geschlagen hatte. Es war Damenfasching angesagt." Wozu man noch wissen muss: Die Frauen in Maria Schutz sind sozial unglaublich engagiert – feierten aber auch die Feste, wie sie fallen. Besonders gern mit Pater Albert Kofler, der inzwischen tief betrauert gestorben ist.

400 DOLLAR ALS TROSTPFLASTER

Der Wiener Erzbischof Kardinal Friedrich Gustav Piffl vertraute Maria Schutz 1925 amerikanischen Passionistenpatres an. Nicht zur Freude des damaligen Pfarrers Stefan Schnetzinger. „Das ist unmöglich. Sie waren Kriegsfeinde. Die Leute werden sie nicht haben wollen", warnte er. „Ich habe das keinen Augenblick ernst genommen", versicherte Kardinal Piffl. Und so übernahm der Passionistenorden den Wallfahrtsort. Die Zeitungen titelten: „Maria Schutz amerikanisiert sich." Aber wie reagierten die Einwohner, die Einheimischen, darauf?

Nur wenige Meter vom Gotteshaus entfernt liegt das Restaurant „Kirchenwirt". Bekannt für seine Riesenkrapfen, gefüllt mit Marillenmarmelade, Vanille- oder Nougatsoße. Gleich beim Fenster saß Pater Albert Kofler bei einer Schale Kaffee: „Die Menschen standen den Passionisten erst neugierig abwartend gegenüber, aber das Eis war bald gebrochen", erzählte er. „Vor allem deshalb, weil diese gleich daran gingen, das Gotteshaus zu renovieren. Es befand sich in einem schlimmen Zustand: tiefe Risse in den Kirchenwänden, der Hochaltar nur durch Bretter abgestützt usw." Und was geschah mit dem grollenden Pfarrer Stefan Schnetzinger? Er bekam von den Passionisten 400 Dollar jährlich als Trostpflaster – zusätzlich zur Pension.

HILFE ZUR FLUCHT

Wer kennt nicht die Komödie einer Tragödie „Jacobowsky und der Oberst" von Franz Werfel? Sie wurde mit den Stars Curd Jürgens und Danny Kaye in den Hauptrollen verfilmt. Es geht um den heiter-abgeklärten Juden Jacobowsky und den martialischen polnischen Oberst Stjerbinski. Also völlig unterschiedliche Charaktere, die eines zusammenschmiedet: die Flucht vor Hitlers Geheimer Staatspolizei (Gestapo) durch halb Europa. Mit allen Gefahren, Turbulenzen, Grotesken, die auch amerikanische Passionistenpatres hautnah miterlebten.

Nach der Annexion Österreichs 1938 bzw. nach Ausbruch des Zweiten Weltkrieges 1939 mussten sie einer nach dem anderen Maria Schutz verlassen. „Pater Markus rechnete in seiner Abschiedsrede mit dem NS-Regime scharf ab", erzählte Pater Albert Kofler. „Bei seiner Abreise hatte er ein Taxi vor die Kirchentür bestellt, eine Vorsichtsmaßnahme, die voll gerechtfertigt war. Schon Minuten nach seiner Abfahrt stand die Gestapo vor der Kirchentür – zu spät: Pater Markus konnte sich über Genua in die USA retten."

SCHUTZENGEL – GIBT'S DIE?

Die Patres Walter Mickl und Adolf Schmitt blieben bis 1941 in Maria Schutz, mussten dann aber bei Nacht und Nebel die Flucht ergreifen – über die Schweiz, Frankreich und Spanien nach Portugal. Mit nur zehn Mark und einem Empfehlungsschreiben an den päpstlichen Botschafter in Madrid in der Tasche. Aber es wurde ihnen unterwegs immer wieder von mitleidigen Seelen Geld zugesteckt. Erich Kästner sagte einmal: „Das Leben ist lebensgefährlich" – zu Recht: Die Odyssee der Passionistenpatres war gespickt mit dramatischen, aber auch skurrilen Erlebnissen.

„In Madrid wartete auf sie eine große Überraschung", schilderte Pater Albert Kofler. „Der päpstliche Nuntius kam in das Hotel, in dem sie Unterschlupf gefunden hatten: mit Früchtekorb, Reiseproviant und Fahrkarten. Er brachte Walter Mickl und Adolf Schmitt höchstpersönlich zum Bahnhof, zum Zug nach Lissabon." Übrigens: Adolf Schmitt und Walter Mickl sandten nach 1945 viele Care-Pakete mit Lebensmitteln und Kleidung nach Österreich.

Mickl kehrte nach Maria Schutz zurück. Er war noch zweimal Rektor des Passionistenklosters: von 1958 bis 1964 und von 1969 bis 1970. Es wird oft diskutiert: Schutzengel – gibt's die? Na, wenn die Patres nicht einen Schutzengel hatten – wer sonst?

WUNDERTÄTIGES HEILWASSER

Der Quelle hinter dem Hauptaltar wird, wie erwähnt, wundersame Wirkung nachgesagt: Medizinische Nachweise, wie sie die Kirche offiziell fordert, gibt es dafür nicht. „Aber es kam lange Zeit ein Verrückter aus Graz", wird in Maria Schutz erzählt, „mit einem riesigen Mercedes. Er hat einen halben Tag lang Quellwasser vom Augenbründl abgefüllt."

In der Broschüre „Maria Schutz am Semmering" wird auf Seite 20 das Kapitel „Gebetserhörungen" aufgeschlagen. Die aufliegenden Gedenkbücher erzählten demzufolge ab dem Jahre 1847 von Wunderheilungen. Wie authentisch das alles ist, steht allerdings in den Sternen. Hier einige Beispiele:

HEILUNG EINES LAHMEN

Im Jahr 1731 hatte sich Josef Scheiblreiter von der Fischbacher Pfarre in der Steiermark nach Maria Schutz gelobt. Er war von St. Georgi bis zum 3. Oktober so lahm gewesen, dass er auf zwei Krücken gehen musste. Kaum hatte er das Gelöbnis getan, konnte er die Krücken weglegen. Gesund und gerade vermochte er nach Maria Schutz zu pilgern, wo er seine Krücken opferte.

DAS BLINDE MÄDCHEN

Am 3. Oktober 1731 brachten Josef und Maria Kodrolt ihr fünfjähriges Töchterchen nach Maria Schutz, das seit zwei Jahren völlig erblindet war. Vor dem Gnadenbild Mariens, wohin sich die Eltern gelobt hatten, erhielt das Kind sein Augenlicht wieder und rief: „Seht ihr nicht, wie schön die Muttergottes ist?"

TOD DURCH ERWÜRGEN?

Magdalena Pirzbäuerin von Kirchberg wurde nahe bei einem Gewässer von ihrem Mann gewürgt. Er wollte sie töten und dann die Leiche ins Wasser werfen. In diesem fürchterlichen Augenblick, da ihre Kräfte zum Widerstand viel zu gering waren, rief sie zu Maria Schutz. Wie von unsichtbarer Gewalt erhielt ihr Mann einen Stoß und taumelte zurück, ohne seinen Zweck erreicht zu haben. Ja, mehr noch: Er erkannte, wie abscheulich sein Vorhaben war und bat sein Weib reumütig um Verzeihung.

VON DER GICHT GEHEILT

1740 bezeugt die Jungfrau Elisabeth Pocking aus Wien unter Tränen, wie ihr Leib sieben Wochen lang so zusammengezogen gewesen, dass sie sich weder bewegen noch die Hand zum Mund führen konnte. Alle Mittel fruchteten nichts. Sie nahm ihre Zuflucht zu Maria Schutz. Sogleich erhielt sie den Gebrauch ihrer Glieder zurück. Dankerfüllt brachte sie das versprochene Opfer in Silber persönlich dar.

DIE HAARE WUCHSEN WIEDER

Frau Th. Navratil aus Wiener Neustadt verlor infolge einer Krankheit sämtliches Haupthaar. Zwei Jahre hindurch wandte sie alle erdenklichen Mittel an, ging von einem Spezialisten zum anderen, keiner konnte ihr helfen. Ein Jahr lang ließ sie die Angelegenheit nun gänzlich liegen. Schließlich kam ihr der Gedanke, ihre Zuflucht zu Unserer lieben Frau von Maria Schutz zu nehmen. Betend pilgerte sie von Gloggnitz zur Gnadenstätte. Vertrauensvoll trank sie vom Brünnlein hinter dem Hochaltar, wusch sich das Haupt damit und nahm von dem Wasser mit. Daheim setzte sie die Waschungen fort. Nach wenigen Tagen erschienen zu ihrem Erstaunen die ersten Haare. In kurzer Zeit hatte sie ihren vollen Haarwuchs wiedererlangt. Sie selbst hat uns diesen Bericht im Jahre 1931 gegeben. Ihre Tochter hat ihn bestätigt. Sie kam jedes Jahr, um der Muttergottes zu danken.

In der Wallfahrtschronik werden noch viele Beispiele angeführt. Aber all das liegt, wie gesagt, weit zurück. Es gibt hier keine ärztlich anerkannten Heilungen. Das wissen auch die Pilger, die alljährlich zu Fuß oder in Bussen nach Maria Schutz kommen: aus Rettenegg, Birkfeld, Payerbach, Reichenau, Ternitz, Kirchberg am Wechsel, Feistritz am Wechsel, Anger bei Weiz, Wien usw.

DER KOMPONIST GOTTES

Das Augustiner-Chorherrenstift St. Florian liegt 15 Kilometer südöstlich von Linz im Traunviertel. Hügelig verspielte Landschaft, grüne Waldzungen, gelbe Rapsfelder, knorrige Obstbäume – Most. Gleich nach dem Portal links im Hof das Stiftsstüberl, wo eine Pointe, eine Anekdote die andere jagt. Der Dechant des Klosters, Univ.-Prof. Dr. Ferdinand Reisinger vom Institut für Patoraltheologie und Gesellschaftslehre in Linz, versteht es jedenfalls, auf dieser Klaviatur zu spielen.

AUF DEM KAISERTHRON

Barockausstellung im Stift vor einigen Jahren: Eine Kindergärtnerin führte ihre Sprösslinge in den Audienzsaal. Da stand auch der Thronsessel des Kaisers.

„Du setzt dich jetzt da drauf", forderte die Kindergärtnerin einen Buben auf. Mit der einleuchtenden Begründung: „Du bist jetzt der Kaiser."

Und einem anderen Buben teilte sie eine etwas undankbarere Rolle zu: „Du bist jetzt ein Untergebener und machst einen schönen Diener."

Der dachte aber gar nicht daran.

„Ruck a bisserl uma", rief er seinem Kindergartenfreund auf dem Kaiserthron zu. Ganz im Sinne des alten Sprichwortes „Divide et impera!" (Teile und herrsche.)

Ja, so sind die Traunviertler. Schon von Kindesbeinen an.

DER LUSTIGE REISINGER

Es grenzt fast an Nepotismus, aber nur fast: Schon ein Großonkel des Dechanten war Augustiner-Chorherr, auch ein Onkel – Alois Reisinger.

„Es gab damals drei Reisinger bei uns – den großen, den kleinen und den lustigen. Und Letzterer war mein Onkel Alois", erzählt der Dechant.

„Mein Onkel war ein sehr frommer Priester im Mühlviertel zum Böhmerwald hin", erinnert sich Ferdinand Reisinger. „Er war bekannt dafür, im Auto immer den Rosenkranz zu beten. Und dass er jede Menge Autostopper auf der Fahrt mitnahm. Die meisten von ihnen nahmen aber Reißaus, sobald er den Rosenkranz zu beten begann."

Der lustige Reisinger wusste auch seine Sonntagspredigten mit volkstümlichen Interpretationen zu würzen. „Etwa die Geschichte vom Zachäus", erzählt sein Neffe. „Da steht geschrieben: ‚Eilends stieg er herab.' Mein verehrter Onkel übersetzte das in: „Na ja, obeg'hupft wird er halt sein."

DER FLUCH DER BÖSEN TAT

Der ehrwürdige Dechant Antonius Hochreiter war derselbe Jahrgang wie der lustige Reisinger. Man kann nicht behaupten, dass er gerade ein großer Frauenfreund war. So hat er immer den Spruch geklopft: „Gott schütz uns vor den Weibern." Ein Glück für ihn, dass damals Johanna Dohnal noch nicht in der Politik war. Talar hin, Talar her: Sie hätte ihn vermutlich in der Luft zerrissen.

„Aber Antonius Hochreiter wurde auch so hart bestraft", schmunzelt Dechant Reisinger. „Er bekam einen Besen von einer Pfarrersköchin. Unglaublich hantig. Sie hat ihn kaum mehr zu Wort kommen lassen."

Das war eben der Fluch der bösen Tat.

Nachzutragen ist freilich: Die Pfarrersköchinnen sind in der Regel seelensgute Menschen, die alle einzukochen wissen – im positiven Sinn des Wortes natürlich.

„SPITZBURLI, DU, SPITZBURLI, DU!"

Johann Krichbaum war ein hervorragender Musiker, aber sehr sensibel, in sich zurückgezogen. „Er hatte einen Wellensittich namens Hansi, mit dem er ständig plauderte: ‚Spitzburli, du, Spitzburli, du'", erzählt Dechant Ferdinand Reisinger.

Johann Krichbaum ging jeden Sommer drei Wochen auf Kur in Bad Wimsbach-Neydharting. Kleriker bekamen dann die ehrenvolle Aufgabe übertragen, „Spitzburli, du" inzwischen zu betreuen.

Dabei kam es immer wieder zu Katastrophen. Entweder entfleuchte der Wellensittich aus dem Fenster oder erlag einer heimtückischen Krankheit.

„Deshalb musste jedes Jahr ein neuer Wellensittich angeschafft werden", so Ferdinand Reisinger. „Und jeder von ihnen hat ‚Hansi' geheißen."

DER NEID UND DIE IGNORANZ

Der Kunsthistoriker Rupert Feuchtmüller führte 1986 durch die Barockausstellung in St. Florian. So auch in das Bischofszimmer, wo auf einem Deckenfresko die Künste verherrlicht werden. Er deutete dabei mit dem Zeigefinger auf die zwei mannshohen Figuren des „Neides" und der „Ignoranz".

Beim Frühstück behauptete der Wirtschaftsdirektor des Stiftes, mit dem Neid sei es in der modernen Kunst ohnedies nicht weit her. Darauf erwiderte Organist Augustinus Kropfreiter mit leicht erhobener Stimme: „Dafür springt aber die Ignoranz in die Bresche."

ELIETTE VON KARAJAN

Sie ist eine bezaubernde Frau, die von vielen bewundert, verehrt wird: Eliette von Karajan, die vor vielen Jahren mit ihrem Mercedes nach St. Florian eilte. Bruckners Achte stand auf dem Programm. Mit den Wiener Philharmonikern unter Herbert von Karajan. „Ich bin damals beim Einsertor gestanden und hab dafür gesorgt, dass niemand reinfährt", schildert Ferdinand Reisinger. „Rauscht ein Mercedes heran. Das Autofenster wird heruntergefahren. ‚Ich bin Eliette von Karajan', sagte die Lenkerin. Ich wagte darauf einzuwenden, auch Bundespräsident Rudolf Kirchschläger gehe hier zu Fuß." Mit Erfolg: Auch die Frau des Dirigenten trat den Weg zu Fuß an. Sie ist heute die Grande Dame der Salzburger Festspiele. Nicht zu Unrecht.

„Wie ich ins Kloster gekommen bin, hab ich mir gedacht: ‚Wenn die mich aushalten, kann auch ich sie aushalten'", schmunzelt Ferdinand Reisinger. Und sie haben einander ausgehalten. Warum? Die Geschichte des Stiftes, die Kunstschätze, die Ideen, die Aufgaben, die dahinter stecken, und die Musik.

EINE KRAFT, DIE ANS WUNDERBARE GRENZT

Der Propst des Augustiner-Chorherrenstiftes St. Florian, Johannes Holzinger, führt mich in die Stiftskirche. Alles atmet Anton Bruckner. Die Bruckner-Orgel – silbrig glänzende Orgelpfeifen, vergoldetes Orgelgehäuse. Direkt darunter der metallene Sarkophag des Komponisten. Der Organist Klaus Sonnleitner spielt gerade, improvisiert, zieht alle Register. Auszüge aus Symphonien, Messen usw. Der Wiener Operndirektor Joseph Schalk schrieb, dass Anton Bruckners Musik „Innigkeit und Kraft" ausstrahle, „die ans Wunderbare grenzen".

Anton Bruckner startete hier in St. Florian seine steile Komponisten-Karriere. Als Sängerknabe, Stiftsorganist – dann die vielen Stationen in der Welt der Musik. Aber er kehrte immer wieder zurück nach St. Florian, um zu entspannen, neue Kräfte zu schöpfen. Übrigens: Derzeit haben die Sängerknaben von St. Florian einen Höchststand von 53 Schülern zu verzeichnen. Mit Tourneen durch die halbe Welt: nach China, Israel, Berlin, Zürich usw. „Der Unterschied zwischen den Sängerknaben von St. Florian und den Wiener Sängerknaben besteht darin, dass die von St. Florian wirklich in Wien singen", scherzt Johannes Holzinger.

„Welches Instrument spielen Sie eigentlich", frage ich.

„Orgel – früher", verrät der Probst.

„Reizt es Sie nicht, auf der Bruckner-Orgel zu spielen?"

„Das hat schon einen großen Reiz", räumt er ein, „aber ich überlasse das denen, die besser spielen."

In der Krypta unter dem Hochaltar der Stiftskirche ist der heilige Florian beigesetzt. Schutzpatron der Feuerwehr, der das sogenannte Florianiprinzip immer wieder Lügen straft, das da lautet: „Herr, verschon mein Haus – zünd das meines Nachbarn an."

Das Stift St. Florian hat viele Stürme überstanden, Höhen und Tiefen. Es ist und bleibt ein Barockjuwel, von Carlo A. Carlone und Jakob Prandtauer errichtet. Mit vielen Kunstschätzen: dem reich geschnitzten Chorgestühl in der Stiftskirche, dem Deckenfresko „Brückensturz", dem Sebastianaltar, einem spätgotischen Flügelaltar von Albrecht Altdorfer, Gemälden von Lukas Cranach, Pieter Brueghel, Angelo Maria Costa usw., der Bibliothek mit 140.000 Bänden, 1000 Handschriften, Inkunabeln, dem Marmorsaal, den Kaiserzimmern, in denen prominente Gäste übernachtet haben: Karl VI., dessen Tochter Maria Theresia, Papst Pius VI., Franz Schubert, Franz Grillparzer usw. Die Kaisergemächer sind in dunklem Rot tapeziert, mit venezianischen Spiegeln, Stilmöbeln aus Nussbaum- und Ahornholz ausgestattet.

„WEISS NICHT, OB MAN'S SCHMECKT"

Ich sitze in der Prälatur Johannes Holzinger gegenüber, der wie jeder Propst oder Abt auch Manager ist, also mit beiden Beinen im Leben steht: 50 Mitarbeiter, 700 Hektar Wald, Säge-, Hobelwerk, 250 Hektar Landwirtschaft, streng biologischer Anbau von Getreide, das in einer Mühle verarbeitet und als Chorherren-Brot im Klosterladen angeboten wird. „Ich weiß nicht, ob man's schmeckt, dass es reines Biogetreide ist", sagt der Propst. „Aber ich habe das Brot auf einer Bergwanderwoche mitgehabt und es war noch nach einer Woche genießbar."

Irgendwie ist Johannes Holzinger aber ein „Multifunktionär": Propst, Manager – und Pfarrer der Gemeinde Hargelsberg bei Enns. „Eine Aufgabe, die ich gerne übernommen habe", versichert er. „Ich will nicht nur vom grünen Tisch aus entscheiden, sondern auch Bodenhaftung bewahren, die seelsorgerische Praxis beibehalten: Krankenbesuche, Ministrantenbetreuung, Predigten, Trauungen, Taufen, Begräbnisse usw." Und die Gläubigen goutieren das.

Ich habe mich schon oft gefragt: Hat auch ein Propst so etwas wie Freizeit? Und was fängt er mit ihr an? Johannes Holzinger lehnt sich in seinem Sessel zurück und lacht in sich hinein. „Also, ich lese gern. Auch Literatur von neueren Autoren wie Alois Brandstetter, Herbert Rosendorfer. Vor allem aber über den Ersten Weltkrieg." Er schlägt die Stirn in Falten und erzählt: „Wissen Sie, mein Vater musste 1917 schon mit 17 Jahren in die k. u. k. Armee einrücken. Mein Faible für die Berge hängt damit zusammen. Wege abzugehen, auf denen Soldaten des Ersten Weltkrieges gegangen sind. Also die Friedenswege, wie sie Oberst Walter Schaumann umbenannt, hergerichtet und wieder begehbar gemacht hat: im Gedenken an das sinnlose Sterben an der Isonzofront. Da treffen einander Landschaft und Geschichte", erklärt der Propst, der jeden Montag freinimmt, um Bewegung zu machen, Kondition zu tanken. „Ich bin Schneeschuhgeher", verrät er, „trage Schuhe mit breiterem Untersatz, Eisen, die Halt geben, damit ich nicht wegrutsche." So auch auf dem Großvenediger vom Defreggenhaus in Osttirol aus: „Wir haben da eine heilige Messe gefeiert – die wild zerklüfteten Gletscherspalten des Großvenedigers waren ein unglaublich imposantes Altarbild", erzählt Johannes Holzinger.

GESTAPO STÜRMTE KLOSTER

Wegzurutschen, unterzugehen drohten die Augustiner-Chorherren von St. Florian schon mehrmals in ihrer Geschichte. So vor allem 1941, als 50 Mann der Geheimen Staatspolizei Gestapo in das Kloster stürmten und beim sogenannten Einsertor Maschinengewehre „entdeckten", die sie selbst dort versteckt hatten. Ein Vorwand für die NS-Bonzen, um das Kloster aufzuheben, die Augustiner-Chorherren zu vertreiben. Diese mussten Hals über Kopf ins „Exil" in den stiftseigenen Meierhof Pulgarn bei Steyregg übersiedeln.

„St. Florian war offenbar als Alterssitz für Adolf Hitler vorgesehen", vermutet Johannes Holzinger aufgrund gewisser Indizien. „Zur Tarnung hat man das Stift dem Reichsrundfunk übergeben. Und einen Verwalter eingesetzt – Heinrich Glasmeier." Über ihn werden gespenstische Geschichten kolportiert. Er hat sich demnach wie ein Prälat aufgeführt. Ist zur nächtlichen Stunde in Vespermantel und mit Mitra in die Sakristei gepilgert. Ähnlich wie in dem Schauspiel „Der Balkon" des französischen Dramatikers Jean Genet: Jeder darf darin die Rolle spielen, die er erträumt und nie erreicht hat: Bischof, König, General, Richter, Bürgermeister. Nun, durch eine Revolution kommen die Protagonisten wirklich an die Macht. Aber alles bricht zusammen, platzt wie eine Seifenblase. Ein Schauspiel, ach, ein Schauspiel nur?

In St. Florian ist es allerdings vorerst bitterer Ernst – manchmal auch tragikomisch. So forderte Heinrich Glasmeier den ortsansässigen Uhrmacher auf, seine Armbanduhr zu reparieren. „Ja, wenn's der Prälat anschafft, wird's g'macht", spielte der Uhrmacher den braven Soldaten Schwejk – und rührte keinen Finger. Der echte Prälat war ja vertrieben worden.

Die Umbaupläne sahen vor, das Stift jeder Spiritualität zu berauben: Demnach sollte ein Musikzentrum und das Barockmuseum entstehen, die Westfront bis zum Meierhof überdacht, der dazugehörige Vierkanthof in ein Gästehaus mit Freibad, Medizinalbädern, Reitbahn, Fahr- und Spazierwegen umgebaut werden. Es gab schon einen Orgelwettbewerb", erzählt Ferdinand Reisinger. „Das Blöde war nur, dass ihn zwei Geistliche gewannen: Joseph und Hermann Kronsteiner. Daraufhin gab es keinen Wettbewerb mehr."

Knapp vor Kriegsende wurden die Bewohner von St. Florian Augenzeugen einer erschütternden Tragödie, eines entsetzlichen Verbrechens: des Todesmarsches von Zehntausenden ungarischen Juden, völlig abgemagerten, zerlumpten Kindern, Frauen, Männern. Die Einwohner versuchten ihnen etwas zum Essen, zum Trinken zuzustecken, wurden aber von der SS mit scharf geladenen Waffen daran gehindert, so Egbert Bernauer in „St. Florian in der NS-Zeit".

Der Krieg näherte sich dem Ende. Die Gefahr für das Stift war aber noch nicht gebannt. Der Gauleiter von Oberdonau, wie Oberösterreich damals hieß, Adolf Eigruber, drohte: „Wenn die Russen über die Enns kommen, wird das Stift gesprengt." Er berief sich dabei auf Hitlers „Nero"-Befehl, alles zu zerstören, was dem Feind nützlich sein könnte. Wertvolle Tafelbilder von Albrecht Altdorfer waren schon in die Stollen des Altausseer Salzbergwerkes in Sicherheit gebracht worden, so Ferdinand Reisinger. Dort lagerten Kunstschätze aus ganz Europa, die von NS-Bonzen gestohlen, geraubt worden waren. 6755 Gemälde, Zeichnungen, Grafiken, Skulpturen. Von Leonardo da Vinci, Michelangelo, Rubens, Rembrandt, Tizian, Raffael, Dürer, Cranach, Brueghel usw. Gauleiter Adolf Eigruber befahl, auch das Salzbergwerk zu sprengen, hatte aber die Rechnung ohne die Bergknappen gemacht. Sie entfernten unter Einsatz ihres Lebens bei Nacht und Nebel die schon montierten Sprengsätze und retteten damit die Kunstwerke von unschätzbarem Wert.

Das Stift blieb ebenfalls von der Zerstörung verschont. Am 24. Juni 1945 kehrten die Augustiner-Chorherren aus ihrem „Exil“ zurück: Die Glocken läuteten, die Bruckner-Orgel erklang, Musikkapellen spielten auf, Kinder sagten Gedichte auf. Wie heißt es so schön: Die Träne quillt, die Erde hat mich wieder.

DER TASSILOKELCH ALS WAHLURNE

US-Regisseur Ron Howard hätte darüber vermutlich einen Hollywood-Thriller à la „Illuminati" gedreht. Über den „verdeckten Transport" knapp vor der Papstmesse am 8. September 2007 in Mariazell. Zwei Wagen schlängelten sich unter schärfsten Sicherheitsvorkehrungen die Serpentinen hinauf. Im ersten saßen Mönche, im zweiten Polizisten – mit einem „Marschgepäck" von unglaublichem Wert: dem mehr als tausend Jahre alten Tassilokelch, dem bedeutendsten Werk der karolingischen Goldschmiedekunst. Er ist sonst nur hinter Panzerglas im Benediktinerstift von Kremsmünster zu bewundern.

In der Prälatur des Klosters im ersten Stock. Eine Bildgruppe von Johann Peter Schwanthaler: Kruzifix, Maria, Johannes, die Engel, die Leidenswerkzeuge tragen: Geißel, Geißelsäule, Hammer, Nägel, Schwamm mit Essig. Abt Ambros Ebhart erinnert sich: „Die Bischofskonferenz hat um den Tassilokelch angefragt. Das Kapitel des Stiftes, 60 Mitbrüder, die die ewige Profess abgelegt haben, hat zugestimmt." Wie hoch der Kelch versichert wurde? Auf wie viele Millionen Euro? Ambros Ebhart hebt abwehrend die Hände, lässt sich nur ein „entsprechend hoch" entlocken. Redefreudiger zeigt er sich zum Thema, wie Benedikt XVI. auf den Tassilokelch reagiert habe. „Pater Ernst Bamminger, heute Pfarrer und Dechant von Vorchdorf, hat sich vorgestellt, den Kelch übergeben und ein Gebetsgedenken für die Ordensgemeinschaft erbeten. Das hat der Papst auch getan."

WAHLURNE UND MASSEINHEIT

Der Tassilokelch, 25,5 Zentimeter hoch, 3,05 Kilo schwer, ist auch die älteste und kostbarste Wahlurne der Welt. Zuletzt als solche im Einsatz bei der Abtwahl am 2. März 2007 im Benediktinerkloster von Kremsmünster. Ambros Ebhart wurde als Favorit gehandelt, rechnete sich aber wenig Chancen aus. „Die eine Hälfte der Mitbrüder arbeitet im Stift, die andere Hälfte außerhalb. Der letzte Abt von außerhalb wurde vor 150 Jahren gewählt", begründete er das. „Ich war 30 Jahre in der Seelsorge, davon drei Jahre Kaplan und 17 Jahre Pfarrer in Bad Hall."

Nun, wie steht es eigentlich um die Demokratie in der katholischen Kirche? Erz-, Diözesan- und Weihbischöfe werden nicht gewählt. Das Ergebnis von Meinungsbildungsprozessen päpstlicher Nuntien ist oft – man denke an Hans Hermann Groër, Kurt Krenn usw. – nicht nachvollziehbar. Ganz im Gegensatz zu den Papst- und Abtwahlen, die geheim und demokratisch erfolgen.

Zurück zum 2. März 2007 in Kremsmünster. Die Mönche warfen ihre Stimmzettel in einer Wahlzelle im Kapitelsaal in den Tassilokelch. „Wir hatten perforierte Namenslisten", erinnert sich Ambros Ebhart. „Mein Name war schon herausgerissen, damit ich mich nicht selbst wählen konnte. Das wollte ich aber ohnedies nicht." Die Mönche warteten im Gang vor dem Kapitelsaal auf das Wahlergebnis. Die Spannung stieg von Minute zu Minute. Altabt Oddo wagte letztlich einen Blick in den Kapitelsaal und rief umgehend heraus: „Wir haben einen neuen Abt, schon nach dem ersten Wahlgang": Ambros Ebhart, vorerst für zwölf Jahre.

Apropos: Tassilokelch. Er dient nicht nur als Messkelch oder Wahlurne, sondern auch – man höre und staune – als Maßeinheit. Zumindest wenn es nach einigen Schelmen geht. „Der heilige Benedikt hat gesagt, dass bei Mönchen eine Hemina (beim Weingenuss) genügen soll“, erzählt Ambros Ebhart. „Da gibt es natürlich die verschiedensten Auslegungen, Interpretationen. Die großzügigste davon lautet, dass die Hemina dem Inhalt des Tassilokelches entspricht. Der beträgt immerhin stolze 1¾ Liter.“ Der Abt schüttelt lachend den Kopf: „Der heilige Benedikt hat sicher nicht dafür plädiert, dass ein Mönch so viel Wein trinken soll.“

Ambros Ebhart ist gerade dabei, Bonmots, Anekdoten zum Besten zu geben. Etwa über einen seiner Vorgänger, Leander Czerny. „Er hatte den Wahlspruch ‚Flammam alere‘ (Die Flamme nähren) gewählt. Die Mitbrüder übersetzten das wegen seines forschen Auftretens und etwas ruppigen Umganges mit Menschen: ‚Ich werde euch schon unterheizen.‘“

EIN GEWEIH IN FLAMMEN

Legenden enthalten immer einen Funken Wahrheit, wenn nicht mehr. So auch jene über die Gründung des Stiftes Kremsmünster. Bayernherzog Tassilo III. hielt 777 in unmittelbarer Nähe Hof. Sein Sohn Gunther ging in die umliegenden Wälder auf Jagd: auf Bären, Wölfe, Hirsche, Eber. Ein Keiler fiel den Prinzen an, schlug ihm mit den Hauern tödliche Wunden. Tassilo III. trauerte an der Leiche seines Sohnes. Plötzlich trat aus dem Dunkel des Waldes ein schneeweißer Hirsch. Zwischen dem Geweih ein Kreuz in lodernden Flammen. Der Bayernherzog deutete das als Zeichen, für seinen geliebten Sohn eine Gedenkstätte zu errichten. Eine hölzerne Kapelle, aus der über Jahrhunderte das entstand, was heute zu sehen ist: die Stiftskirche mit den verspielten Türmen, das lang gestreckte Barockkloster mit Tausenden Fenstern, die Sternwarte – das „älteste Hochhaus Europas“. Letzteres dürfte aber umstritten sein. „Der Direktor, Pater Armand Kraml, hört das nicht gern“, verrät Abt Ambros Ebhart.

DIE BAROCKEN SCHÄTZE

„Das Auge sieht sich nimmer satt", sagt man leichthin. Na, wenn das nicht für Kremsmünster zutrifft! Bei der Vielfalt an Kunstwerken. Nur einige Schnappschüsse, Momentaufnahmen: Der Fischkalter mit Arkaden, römisch-toskanischen Säulen, schmiedeeisernen Gittern, Wasser speienden Brunnenfiguren. Das Marmorportal des Brückenturms mit dem Stiftswappen und den Statuen von Herzog Tassilo III., Kaiser Karl dem Großen und Kaiser Heinrich II. Der Kaisersaal, dessen Deckenfresko von Martino Altomonte den Triumphzug des Sonnengottes Apollo zeigt und der Kaisergemälde von Rudolf I. bis Karl VI. enthält. Die Stiftsbibliothek mit 150.000 Bänden, Hunderten Handschriften, Inkunabeln samt Porträts der wichtigsten Repräsentanten aus Geschichte, Wissenschaft und Literatur. Die Stiftskirche mit dem Hochaltarbild „Verklärung Christi" und dem Hochgrab des Herzogsohns Gunther. Nicht zu vergessen die Museen in der Sternwarte: die prähistorische Sammlung mit Mammutknochen (1645 bei Krems entdeckt) oder der paläolithischen Statuette der „Venus vom Galgenberg". Es gibt noch ein mineralogisches, ein physikalisches Kabinett – und die hohe Astronomie mit einem Sextanten, den Johannes Kepler bei seinen Forschungen in Prag eingesetzt haben soll.

ARBEIT UND VIEL HUMOR

„Der Komet kummt", räsoniert bekanntlich der Schustergeselle Knieriem in Ferdinand Raimunds „Der böse Geist Lumpazivagabundus". Nur für Kassandrarufe hat man in Kremsmünster wahrlich keine Zeit. Zu viel Arbeit steht für die 63 Mönche an: 16 Pfarren, das Kloster selbst betreuen, 10.000 Hektar Grund bewirtschaften, Stiftsgärtnerei, Weingüter, Weinkeller usw. Acht Benediktiner unterrichten im Stiftsgymnasium – auch Abt Ambros Ebhart. „Aber nur zwei Stunden, um den Kontakt zu den Lehrern und Schülern nicht zu verlieren", wie er sagt. Mehr Zeit ist nicht.

Noch zwei Anekdoten aus seinem Fundus:

Pater Pius, ein humorvoller, liebenswürdiger Mitbruder, war für die Landwirtschaft des Klosters zuständig. Eines Tages begann er, Truthähne zu züchten, zu mästen – und zu verkaufen. „Aber die Menschen ringsum zeigten wenig Interesse", erzählt Ambros Ebhart. „Pater Pius drohte auf seinen Truthähnen sitzen zu bleiben." Darauf pilgerte er, der Not gehorchend, nicht dem eigenen Triebe folgend, von Wirtshaus zu Wirtshaus. „Ich versteh nicht, warum so ein G'riss ist um die Truthähne", flunkerte Pater Pius. „Wer nicht rasch zugreift, bekommt keine mehr." Ambros Ebhart schwelgt in Erinnerungen: „Was soll ich sagen? Alle Truthähne waren innerhalb einer Stunde weg."

Pater Richard Weberberger wagte 1974 den Sprung von Kremsmünster nach Barreiras im brasilianischen Bundesstaat Bahia. Er wurde dort schon mit 39 Jahren zum Bischof ernannt. „Einer meiner Vorgänger, Abt Albert, war dabei, als Pater Richard Johannes Paul II. als Bischof vorgestellt wurde", erzählt Ambros Ebhart. Folgender Dialog ist davon überliefert: „Sie sind aber noch sehr jung", hielt der Papst dem frisch gebackenen Oberhirten vor. „Aber Sie haben mich dennoch zum Bischof ernannt", konterte der Ordensmann aus Kremsmünster schlagfertig. Übrigens: Am 6. August 2009 feierte er sein 30. Bischofsjubiläum.

ALLES NUR KÄSE?

Das Zisterzienserstift Schlierbach liegt verträumt in der verspielten Hügellandschaft des Kremstales. Im Hof gleich vis-à-vis der Kirche überproportional große Löffel, Gabeln und Messer. Als Dekoration beim Eingang zur oberösterreichischen Landesausstellung 2009 mit dem vielsagenden Namen „Mahlzeit!". „Essen und Trinken hält Leib und Seele zusammen", versuchte Landesvater Josef Pühringer den Kern der Botschaft zu treffen. Aber es geht natürlich um mehr: Esskultur, Verteilung, Transport, Hunger, Wegwerfgesellschaft usw.

Die Ausstellung „Mahlzeit!" ist ein Sittenbild, ein Sittenspiegel: Das lässt sich aus den Exponaten ablesen: der Grabstein des Gladiators Danaos mit dem Totenmahl, ein goldenes Frühstücksservice von Maria Theresia, das Gemälde „Das Schlaraffenland" von Pieter Brueghel dem Jüngeren, der rassistisch anmutende Zahnstocher in Form eines Türken aus Elfenbein, die Schlacht um das kalte Buffet beim k. u. k. Hofball, „Der ‚Pate' Al Capone samt Familie beim Essen" von Walter Navratil, eine NS-Reichsbrotkarte aus dem Zweiten Weltkrieg, die „Konditorei" von Wolfgang Herzig usw.

Das ehrwürdige Kloster ist Schauplatz dieser kulinarischen Zeitreise durch Jahrhunderte. Also ist die Frage schon legitim: „Wie bringt man solche Gegensätze wie Mönchtum und Genuss unter einem Hut? „Das ist kein einfaches Paar", räumt der Administrator des Klosters, Pater Martin Spernbauer, schmunzelnd ein. „Aber ein Grundsatz der benediktinischen Regeln besagt: maßhalten. Genießen ist eigentlich das Gegenteil von Gier", analysiert er. Das bekräftigt auch der Wirtschaftsleiter des Stiftes, Pater Alfred Strigl: „Genuss ist kein Widerspruch zum Ordensleben. Genießer wissen, wann es genug ist. Und: Aus dem Mönchsleben hat sich viel Esskultur entwickelt."

DER WEICHKÄSE MIT ROTKULTUR

„Es ist alles Käse", sagt man eher spöttelnd, herablassend. Eine Redewendung, die auf Schlierbach sicher nicht zutrifft. Hier wird zwar Käse erzeugt, aber von höchster Qualität. „1000 Tonnen pro Jahr", bestätigt der Wirtschaftsleiter des Stifts, Pater Alfred Strigl. „Vor allem der Schlierbacher Schlosskäse. Ein zu zwei Dritteln oberflächengereifter Weichkäse mit Rotkultur." Und es gibt ein Genusszentrum – eine Schaukäserei, die jährlich von 20.000 bis 30.000 Menschen besucht wird. Wie sind ausgerechnet die Zisterzienser von Schlierbach auf den Käse gekommen? Durch ihren Mitbruder Leonhard Kitzler, der 1924 aus der bayerischen Benediktinerabtei St. Ottilien Rezepturen „importierte".

DER SPEISEZETTEL DER ZISTERZIENSER

Pater Friedrich Höller lüftete in dem Buch „Stift Schlierbach – Mahlzeit" ein „streng gehütetes Geheimnis": „Wie Zisterzienser essen." Benedikt von Nursia hat demnach schon im sechsten Jahrhundert eigene Ordensregeln dafür erarbeitet: zwei Mahlzeiten pro Tag gegen Mittag und Abend. Nur eine Mahlzeit jeden Mittwoch und Freitag. Dasselbe gilt auch von September bis Ostern. Zur Hauptmahlzeit sollen als Alternative immer zwei gekochte Speisen auf den Tisch kommen. „Auf Fleisch von vierfüßigen Tieren sollen alle verzichten", heißt es weiters. Zusatz: „Außer die ganz schwachen Kranken." Beim gemeinsamen Essen im Refektorium hat Schweigen zu herrschen. Bei Regelverstößen drohen gelbe bzw. rote Karten: also bis zum Ausschluss vom gemeinsamen Tisch. Das Wort Refektorium leitet sich übrigens von „reficere“ ab und bedeutet nichts anderes als sich zu kräftigen.

Pater Friedrich Höller vergrub sich in den Archiven – und entdeckte dabei Speisepläne von Jänner bis Februar des Jahres 1870.

Sonntag:	Tiroler Knödel in der Schühsuppe
	Rindfleisch, Kren, Erdäpfelsoß
	kalte Gurgen garniert mit Nudeln
	gebratenen Kapaunen mit Salat und Kompott
Montag:	Hirnsuppe
	Rindfleisch, Kren und gelbe Rüben
	gebratenes Wildpret mit Soß und Erdäpfel
Dienstag:	Würstlsuppe
	Rindfleisch, Kren und Zwiebelsoß
	Geselchtes mit Kraut, Semmel- und Grießknödel
Mittwoch:	Geschwinde Lebersuppe
	Rindfleisch, Kren, süßes Kraut
	Züngerl und Schaitel
Donnerstag:	Erneut Würstelsuppe
	Rindfleisch, Kren, Erdäpfelpüree
	Fleckerlspeise
Freitag:	Erbsensuppe mit Beuschl
	Ochsenaugen mit saurem Kraut
	heißgesottener Karpfen / Maultaschen
Samstag:	Hirnsuppe
	Rindfleisch, Kren, saure Rüben und Speckknödel
	Fasan und Steyermarker Kraut

Die Ordensvorschriften sind heute nicht mehr so streng, wie aus den Konstitutionen der Zisterzienserkongregation hervorgeht. Das Essen, wie gehabt, im Refektorium.

5.55 Uhr: Chorgebet – Vigilien, Laudes, Morgenhore, Frühstück
11.45 Uhr: Mittagshore, Mittagessen
18 Uhr Vesper, also Abendgebet, Abendessen – Komplet, Nachthore

Wenn ein Mitbruder stirbt, war es in Schlierbach Brauch, dass durch 30 Tage ein schwarzes Tuch mit Kreuz aufgestellt wurde. Ursprünglich, so der Zisterzienserpater Friedrich Höller, bekam ein Bedürftiger 30 Tage lang die Essensration des Verstorbenen. Heute wird ein entsprechender Betrag für karitative Zwecke gespendet.

GLASMALEREI FÜR HIROSHIMA

Aber die Mönche aus Schlierbach haben noch ein zweites wirtschaftliches Standbein – neben der Käserei auch die Glasmalerei. „Wir restaurieren nicht nur den historischen Bestand in Österreich und Bayern, sondern liefern auch viele Neuanfertigungen für Kirchen, Schulen, Banken“, so Pater Alfred. „Und exportieren Glasbilder nach Dänemark, Schweden, New York und Südkorea. Unsere Glasfenster sind in der Kirche des EU-Zentrums in Brüssel zu sehen, in der Verkündigungsbasilika von Nazareth, in der Gedächtniskirche von Hiroshima usw.“ Es gibt anerkannte Künstler, die mit der Glasmalerei in Schlierbach eng zusammenarbeiten: Josef Mikl, der die restaurierten Redoutensäle künstlerisch ausgestaltet hat, Magret Bilger, Rudolf Szyszkowitz usw.

KEINEN NEUEN ABT GEFUNDEN

Das Direktionszimmer des Stiftsgymnasiums, in dem 45 Professoren 500 Schüler unterrichten. Kruzifix, der Holzschnitt „Gott tanzte“ von Magdalena May, die „Komposition“ aus Farbhölzern „Hören“, der Schreibtisch mit Messinglampe, vielen Stempeln,

Stempelkissen. Pater Martin leitete nicht nur das Gymnasium, sondern auch das Stift – interimistisch als Administrator. „Das ist in normalen Zeiten ungewöhnlich", räumt er ein, jedes Wort wie auf einer Goldwaage abwägend. „Unser bisheriger Abt hat sein Amt aus Altersgründen zurückgelegt. Es hat dann im Stift einen Meinungsbildungsprozess gegeben, der gut ein Jahr dauerte." Pater Martin schlägt die Stirn in Falten, als er noch hinzufügt: „Mit dem Ergebnis, dass ein neuer Abt in einer Übergangsphase vielleicht zu prägend sei. Und dass wir (19 Mönche) uns auf eine neue gemeinsame Suche begeben müssen."

Nun, diese Suche geht in einer barocken Welt vor sich, geschaffen von der italienischen Künstlerfamilie Carlone: Stiftskirche, Kloster, Kreuzgang, Bernardisaal, Bibliothek – und es gibt gleich zwei Schlierbacher Madonnen: eine barocke in der Kirche und eine gotische im Kreuzgang.

GLÜCKLICHE BRUCHLANDUNG

Er ist schon eine Institution in Schlierbach – der Pater Pius, 74. Er trat gleich nach der Matura vor 55 Jahren den Zisterziensern bei. Viele Jahre unterrichtete der Mönch am Stiftsgymnasium Mathematik und Physik. „Nicht nur an der Tafel, sondern vor allem mit Experimenten", erinnert er sich.

Mit 61 Jahren erfüllte sich Pater Pius dann seinen Kindheitstraum. Er erwarb 1995/96 Flug- und Funkschein in Wels bzw. Hörsching. Aber dieser Traum wurde für den leidenschaftlichen Flieger im Ordensgewand zum Albtraum. Bei der Landung nach einem Vier-Stunden-Flug auf der Insel Brac. „Es war drückend schwül", erzählt Pater Pius. „Hundert Meter über dem Flugfeld hatte ich eine Kreislaufschwäche. Ich konnte den Ultralight-Zweisitzer nicht mehr abfangen. Wir wurden von heftigen Seitenwinden abgetragen." Und dann Bilder, die der Mönch nie mehr in seinem Leben vergessen wird: sein Mitflieger in Flammen gehüllt, der brennende Flugzeugmotor, die aufsteigenden Benzindämpfe. Und der Schock, die Schmerzen, die Verbrennungen. Aber beide hatten Schutzengel. Überlebten. Heute fliegt Pater Pius wieder – als Co-Pilot, Funker oder als Passagier.

Seine Hauptaufgabe in Stift Schlierbach: Jeden Sonntag in einer anderen Pfarre auszuhelfen. „Ich bin überrascht davon, welche Aktivitäten mich da Tag für Tag erwarten", freut er sich.

Zurück zur Eingangfrage: Alles nur Käse? Mitnichten: Das Stiftsgymnasium, die Glasmalerei, die Betreuung von Pfarren – und vor allem des Missionsklosters Jequitiba in Bahia in Brasilien. Abt Alois Wiesinger (1885–1955) musste nach der Annektion Österreich verlassen, fand in Brasilien Exil und gründete ein neues Kloster.

BIERBRAUER IN ORDENSTRACHT

„Sehen Sie, das ist eine böhmische Windhaube“, ruft Pater Markus Rubasch. Er zeigt auf eine dunkle, geballte Wolke über dem Prämonstratenserstift Schlägl. „Diese Windböen kommen rasch – so heftig, dass man kaum Halt finden kann.“ Wir beschleunigen kaum merklich, aber doch unser Schritttempo in Richtung Kloster. Im Hof das Kirchenportal aus rotem Adneter, Figuren aus weißem Untersberger Marmor. Im ersten Stock das Büro von Pater Markus, Finanz- und Wirtschaftschef des Stiftes – also Kämmerer. Kruzifix, Gemälde von Maria Magdalena, Pendeluhr, Schreibtisch und Bierkrüge auf einem Kasten.

„Wir sind das einzige Kloster in Österreich, das Bier erzeugt“, erklärt Pater Markus. „Und wir lassen immer wieder Bierkrüge mit dem Bild des Stiftes anfertigen.“ Also „Hopfen und Malz – Gott erhalt's“ auch im Drei-Länder-Eck Österreich, Bayern, Tschechien. Was die Biererzeugung besonders fördert? Das weiche Wasser aus dem Urgestein des Böhmerwaldes. Erinnerungen werden wach – an Adalbert Stifter („Bergkristall“, „Bunte Steine“) und an Friedrich Smetana („Moldau“, „Die verkaufte Braut“ usw.)

Lokalaugenschein in der Brauerei gleich vis-à-vis des Klosters. Stufen links und rechts zum Eingangstor, über dem das Stiftswappen hängt, ziegelrotes Dach. Im Verkaufsraum jede Menge Souvenirs: Adalbert-Stifter-Bier, Adalbert-Stifter-Krawatten, Regentenkrug mit Deckel, Gerstenkrüge, Zinndeckel, Anstecknadeln etc. Exkursion im Keller, zu ebener Erd' und im ersten Stock: Sudhaus, Maisch- und Läuterbottich, Lagertanks, Filteranlagen, Etikettier- und Flaschenwaschmaschinen, Leerflascheninspektion usw. Pro Stunde können 10.000 bis 11.000 Flaschen und 30 Fässer abgefüllt werden. Ob es stimmt, dass manche Äbte in früheren Zeiten besonders eifrigen Biertrinkern Ablässe von Sünden gewährt haben? Pater Markus Rubasch amüsiert sich, scherzt: „Sie erinnern sich an die alte Ordensregel: maßhalten. Also wer zu viel Bier getrunken hat, ging seines Ablasses prompt verlustig."

Die Bierbrauer im Ordensgewand sind erfinderisch: Da gibt es Bier pur, also nicht pasteurisiert, nicht kurzfristig erhitzt, Biobier, d. h. alle Rohstoffe aus biologischem Anbau. Und das Kräuterbier – mit Künstlern im früheren Linzer Grandhotel „Zum roten Krebs" aus der Taufe gehoben.

DER BORKENKÄFER-„KRIEG"

Das Stift Schlägl ist ein Ort der Einkehr, der Besinnung, aber eben auch ein Unternehmen, ein Arbeitgeber – mit maximal 230 Beschäftigten im Winter: Brauerei, gastronomische Betriebe, Mitbetreiber des Skizentrums auf dem Hochficht an der tschechischen Grenze und 6000 Hektar Wald (Fichten, Tannen, Buchen). „Da haben wir allerdings unsere Kalamitäten", beklagt Markus Rubasch. „100 Hektar Kahlschlag infolge von Sturmschäden und Borkenkäferbefall. Unter diesem haben wir derzeit besonders stark zu leiden." Der Prämonstratenserpater seufzt leicht auf, als er mit leiser Ironie noch bemerkt: „Ein Geschenk aus Tschechien. Unsere Wälder grenzen an der Nordseite an den Nationalpark Šumava. Und dessen Leitung hat beschlossen, nichts gegen die Borkenkäferplage zu unternehmen, die Hände in den Schoß zu legen." Nachsatz: Auf der

Homepage des tschechischen Nationalparks ist sogar zu lesen: Die Österreicher und die Bayern sind schuld, weil sie den Wald schlagen, bevor die Käfer kommen. Na, das schlägt wohl dem Fass den Boden aus! All das soll jetzt international und bilateral abgeklärt werden: Außen- und Landwirtschaftsministerium sind schon eingeschaltet.

DIE „PENDLER“ GOTTES

Abt Martin Felhofer bezeichnet seine 39 Mitbrüder scherzhaft als die „Pendler Gottes“. Tatsächlich betreuen sie 23 Pfarren – auch zwei böhmische –, sind Spitals-, Jugendseelsorger, Professoren an höheren Schulen, Universitäten und leiten klösterliche Wirtschaftsbetriebe. Nicht umsonst galt Schlägl lange Zeit hindurch als das wissenschaftliche Zentrum des Böhmerwaldes. Man braucht ja nur einen Blick in die Bibliothek zu werfen.

In der Stiftskirche bemerkenswert: die Orgel (1634) von Andreas Putz, die Kanzel – achteckig, mit reichem Zierrat und den Figuren der zwölf Apostel in Nischen. Der Volksaltar steht vor der großen, mit einem roten Teppich bedeckten Stiege, die zum Hochchor führt: links und rechts das Chorgestühl mit reichhaltigen Schnitz- und Intarsienarbeiten, das Altarbild „Mariens Aufnahme in den Himmel“.

Die Schätze des Klosters: gotische Tafelbilder, wie die „Madonna im Ährenkleid“, das Elfenbeinkreuz, ein Abtstab aus dem Jahr 1490, das Messkleid des Doxaner Ornates aus 1748, die Mitra des Weihnachtsornates aus 1877 usw. Es ist die Vielfalt, durch die das Prämonstratenserstift Schlägl besticht, fasziniert: Spiritualität, Kultur und Wirtschaft.

SALZWICKEL UM PUNKT 5 UHR

Erste Sonnenstrahlen tauchen den Neusiedler See, die Lange Lacke, den Seewinkel in rötliches Licht. Schrille Loksignale der Raab–Ödenburg–Ebenfurth-Bahn durchbrechen die morgendliche Ruhe. Nebelfetzen zerren noch an der Pappelallee, die zum Kurhaus „Marienkron“ der Zisterzienserinnen führt. Die Kirche der Abtei ist in mystisches Licht getaucht. Ein riesiges buntes Kirchenfenster versinnbildlicht die Auferstehung. Ein Kreuzweg aus Bronzefiguren. Eine Madonna, gestiftet von Joseph Ratzinger, dem heutigen Papst. Im Chorgestühl die Schwestern in weißem Habit und schwarzen Skapulieren. Erste Morgengebete, Psalmen, Hymnen, Lieder. Das Salve Regina.

„14 Schwestern sind voll in das Kurleben integriert“, erzählt Mutter Mirjam, die Äbtissin. Schwester Elisabeth führt in der Gusskammer ein raues, aber herzliches Kalt-warm-Regiment, die Schwestern Immaculata und Bernarda bringen die Kurgäste zum Schwitzen: bei Frühgymnastik oder Nordic Walking. Schwester Pia wacht mit Argusaugen über den Speisesaal. Schwester Emanuela motiviert durch Gesprächstherapien. Und Schwester Assunta malt Ikonen aus einer anderen, orthodoxen Welt.

Ein guter Tag beginnt in Marienkron, um den Slogan des früheren Finanzministers Karl-Heinz Grasser abzuwandeln, mit einem Salzwickel. Eiskalt und gnadenlos um 5 Uhr Früh –

mit den aufmunternden Worten der Therapeutin Leni Holzapfel: „Passt eh – oder?“ Kaum von diesem Schock erholt, kann man sich – nur mit Badehaube bekleidet – der „Tortur“ eines Blitzgusses aussetzen. Aber egal, welcher Therapie man sich unterzieht, im Kurhaus Marienkron regiert die Heiterkeit: bei Brust-, Lehm-, Topfen- und Salzwickeln, bei Ober-, Unterkörper- und Ganzwaschungen, bei Arm-, Fuß-, Voll- und Sitzbad, bei Knie-, Schenkel-, Unter-, Ober-, Arm-, Brust-, Voll-, Blitz- und Nackengüssen, bei Teil-, Voll-, Rücken-, Lymph-, Segment- und Unterwassermassagen.

Das spirituelle Leben in der Abtei und das profane im Kurhaus sind wie kommunizierende Gefäße, die einander befruchten. Der Funke springt über. Das ist der besondere Reiz, das Geheimnis von Marienkron. „Wir leben nach den Regeln des heiligen Benedikts und arbeiten nach Rezepten von Pfarrer Kneipp“, so die Äbtissin. „Benedikt und Kneipp – der Heilige und der Heiler – sind ein Super-Doppelpack.“

Vor 55 Jahren wurde im Zisterzienserstift Heiligenkreuz die Idee geboren, auf diesem Flecken Erde ein Zisterzienserinnen-Kloster zu gründen. Als Gebetsstätte dicht am Eisernen Vorhang, als spirituelles Bollwerk gegen den Kommunismus. Der Eiserne Vorhang an der Grenze ist gefallen, in vielen Köpfen aber geblieben. Die Nonnen von Marienkron arbeiten daran, diese Barrieren abzubauen.

ÄBTISSIN ALS HOCKEYSPIELERIN

„Das ist doch völlig unmöglich“, schoss es einem deutschen Kurgast in Marienkron, dem Edelstahlmanager Bernd Gothe, 69, durch den Kopf. Eine Nonne in schwarz-weißer Ordenstracht – mit Fußballschuhen! „Mädchen, das passt doch nicht zusammen“, rief er in fast beschwörendem Tonfall. Nun, das Mädchen war die ehrwürdige Äbtissin Mirjam der Zisterzienserinnen in Mönchhof. Und die sorgte prompt für eine Retourkutsche. „Das sind keine Fußballschuhe – ich spiele Hockey“, konterte die Ordensfrau. Nachsatz: „Aber davon haben Sie wohl keine Ahnung.“

Das ließ wiederum der Gast aus Mönchengladbach nicht auf sich sitzen. Ist er doch schon seit Jahrzehnten Vorsitzender des Rheydter Hockeyvereins RSV. Es gab ein Nachspiel zu den verbalen Bodychecks in Form eines persönlichen Hockeyduells. Ende gut, alles gut? Diesmal schon. Bernd Gothe lud die Äbtissin zu einem Bundesligaspiel seines Teams nach Mönchengladbach ein. „Ich bin jetzt Vereinsmitglied beim RSV“, strahlte Schwester Mirjam nach ihrer Rückkehr. „Na ja“, fügte sie räuspernd hinzu. „Die Klubfarben sind Schwarz-Weiß – wie unsere Ordenstracht.“

ES IST NICHT ALLES KÄSE

Man muss die Feste feiern, wie sie fallen. Auch den Umbau, die Erweiterung der Klosterkirche von Marienkron vor 30 Jahren. Ganz im Sinne des Zweiten Vatikanischen Konzils. Um mehr Gäste an der Liturgie teilnehmen zu lassen, so die Äbtissin Mirjam. Mitte März 1979 wurde eine neue Orgel geliefert und auch bunte Kirchenfenster zu den Schwerpunkten „Auferstehung“, „Tanz der Seligen“ usw. wurden eingebaut. Entworfen von der Äbtissin Basilia Gürth aus St. Gabriel in der Steiermark, hergestellt in der Glasmalerei-Werkstätte des Zisterzienserstiftes Schlierbach, das vor allem auch für seine Käseproduktion bekannt ist. Äbtissin Mirjam hatte zum 30-Jahr-Jubiläum auch einen Mitbruder aus Schlierbach eingeladen. Tatsächlich kam der Zisterzienserpater Nikolaus, der bei der Festmesse am 18. März 2009 feststellte: „Wir stellen nicht nur Käse her, sondern auch bunte, künstlerisch wertvolle Kirchenfenster.“

INS BUCH DER REKORDE

Schwester Petra ist eine gottbegnadete Autofahrerin. Es gibt kein Hindernis, das sie nicht meistert, keinen Termin, den sie nicht einhält. So etwa, als sie einmal in Ungarn herumkurvte. Mit Mönchhofer Zisterzienserinnen an Bord, die an einer Gedenkmesse für den heiligen Bernhard teilnahmen. Auf der Rückfahrt nach Mönchhof ins Burgenland wurde es dann grimmig. Stau, Umleitungen, Stress. Die „Formel 1"-Fahrerin im Ordensgewand übersprang auch diese Hürden. „Petra kommt jetzt in das Buch der Genesis", lobte Schwester Ancilla. „Genesis?", hinterfragten ihre Passagiere. Darunter versteht man: Entstehung, Ursprung – das erste Buch Moses mit der Schöpfungsgeschichte. Ein Versprecher, stellte sich heraus. Gemeint war natürlich das „Guinnessbuch der Rekorde".

DIE SCHWEINEJAGD

Ist es nicht eine Sauerei, Schweine quer durch den Gemüsegarten zu treiben, zu jagen? Im vorliegenden Fall nicht. Es liegen mildernde Umstände vor. Die Schwestern von Marienkron haben viele Experimente gewagt – so auch das einer Schweinezucht. Sie bekamen mit Hilfe der burgenländischen Landwirtschaftskammer sogar einen reinrassigen schwedischen Eber zugestanden. „Wir nannten ihn Lord", erinnert sich Äbtissin Mirjam. „Lord hatte lange Schlappohren und konnte deshalb nicht gut sehen." Eines Tages geschah das Malheur: Der Eber rannte in den elektrischen Zaun, mit dem das Schweinegehege umgeben war. Im ersten Schock riss er die gesamte Umzäunung nieder. „Die Schweinedamen setzten zu unserem Leidwesen mit unglaublichem Elan nach", erzählt Schwester Mirjam. „Querfeldein, dass es nur so staubte, und tauchten schließlich in einem großen Maisfeld unter."

Jetzt war guter Rat teuer. Alle Schwestern wurden zusammengetrommelt, die Ausreißer in dem zehn Hektar großen Kukuruzfeld zu suchen. „Wir verteilten uns, kämpften uns mit Händen und Füßen durch – lange Zeit ohne Erfolg.“ Schließlich gelang es doch, alle Schweine einzufangen und ins Gehege zurückzubringen. Eine Schweinearbeit, die letztlich noch zusätzlich belohnt wurde: „Ein Schwein, die ‚Ulli‘, warf eine Woche später zehn Ferkel“, schmunzelt die Äbtissin. Die Schwestern kommentierten das ganze Abenteuer lakonisch: „Wir haben noch einmal Schwein gehabt.“

BLITZARTIGE ERLEUCHTUNG

Es gibt Tage, an denen man einander pausenlos über den Weg läuft. So Äbtissin Mirjam Dinkelbach und Schwester Pia Erhart im Kneippkurhaus Marienkron. Es fragt sich nur, wie man das deuten, wie man darauf reagieren soll. „Na ja, ein Glas heben und auf gute Freundschaft trinken“, überlegte die Mutter Oberin. Aber Schwester Pia, der Chefin des Speisesaals, kam blitzartig die Erleuchtung: „Wenn ich dir begegne, begegnest du auch mir.“ Und sie philosophierte weiter: „Wenn wir den Kurgästen begegnen, begegnen sie auch uns. Wir sind eigentlich ein Super-Begegnungszentrum.“

JUNGE MUTTER, ALTE TOCHTER

Schwester Johanna Krebs, 75, gehört zu den Seniorinnen des Zisterzienserinnen-Klosters Marienkron. Sie malt noch immer mit dem Schwung einer leichten Hand bezaubernd farbenfrohe Aquarelle. Die Äbtissin Mirjam, 50, fragte Schwester Johanna einmal, welchen Wunsch sie noch offen habe, wie ihr weiteres Lebensmotto laute. „Ich möchte als alte Tochter mit der jungen Mutter Oberin möglichst gut auskommen“, lachte sie über das ganze Gesicht.

VERLOBUNG ZU PFINGSTEN

Pfingsten 2009. Heiliger Geist, Feuerzungen, Erleuchtung. „Wir feierten Verlobung“, erinnert sich Äbtissin Mirjam. „Wir sind per Vertrag der sogenannten Vinzenzgruppe beigetreten. Einem Verbund von sieben Ordensspitälern in Wien und Niederösterreich. Mit 2200 Spitalsbetten und 5000 Arbeitsplätzen.“ Die Vorteile für Marienkron: Die Vinzenzgruppe übernimmt die bürokratische Arbeit, die Ordensschwestern können sich wieder voll den Kurgästen, den Patienten, widmen.

BAUDIREKTOR AUSGETRICKST

1977 musste die Klosterkirche ausgebaut werden. Schon wegen der neuen Orgel. Dazu war aber die Genehmigung des Diözesanbischofs, des Bau- und Finanzdirektors erforderlich. Der Baudirektor kam, wie es seinem Berufsbild entsprach: mit Aktenkoffer, in dunkelblauem Anzug, mit dezenter Krawatte. Er zeigte sich irritiert davon, dass Mitglieder des Bauordens schon auf vollen Touren arbeiteten. Die Mutter Oberin hatte ihn vor vollendete Tatsachen gestellt. 20 Jahre später kam besagter Baudirektor, schon in Pension, auf Besuch nach Marienkron. Die frühere Äbtissin Rosaria Golsch fragte ihn, ob er sich damals überfahren gefühlt habe. Der Baudirektor konnte ein Lachen nicht unterdrücken: „Ich musste schauen, rasch wegzukommen, weil ich mich so über Sie amüsiert habe.“

MAX IM HITZEKOLLER

Marienkron ist auf den Hund gekommen. Im positiven Sinne des Wortes – auf Max, ein Mordstrumm Kerl mit hechelnder Zunge. Die Äbtissin war mit ihm in einem Volvo-Kombi an einem extrem heißen Sommertag unterwegs. „Er litt so sehr unter der Hitze, dass ich die Fenster herunterließ und aufs Gas stieg“, schildert die Mutter Oberin. Prompt wurde sie von einer

Zivilstreife gestoppt. „Schwester, Sie sind mit überhöhter Geschwindigkeit gefahren!“ Sie versuchte Verständnis dafür zu wecken, dass ihr Hund, der Maxi, fast einem Hitzekoller erlegen wäre. „Wo ist eigentlich Ihr Hund?“, fragte der Polizist argwöhnisch. Max richtete sich in seiner vollen Größe auf und schnaufte nach Leibeskräften. Der Beamte kommentierte das mit der kurzen Bemerkung: „Schwester, fahren Sie, bitte, weiter, aber machen Sie nicht zu viel Wind.“

IM BEICHTKAMMERL

Man kennt die Bilder von Kirchenbesuchen her, sieht sie aber immer seltener: Gläubige, die in Beichtstühlen knien, um ihre Sünden einzugestehen, die Absolution erteilt zu bekommen. Mit der Buße, ein „Vaterunser“, ein „Gegrüßet seist du, Maria“ usw. zu beten.

Es ist schon so etwas wie ein Ritual in Marienkron: Jeden Donnerstag werden die Kirche, die Sakristei, der Beichtstuhl geputzt. Als die Tür zum Beichtstuhl geöffnet wurde, erklangen aber keine frommen Sprüche, sondern ein Schnauben und Schnaufen. Des Rätsels Lösung: Eine Schwester hatte am Abend zuvor einen Igel vor den Hunden im Schuhputzkammerl in Sicherheit gebracht. Von dort trat der kleine, stachelige Zeitgenosse seine klösterliche Entdeckungsreise an – bis in den Beichtstuhl.

DER AUSBRECHER MIRUS

Der erste Bernhardinerhund des Klosters Marienkron in Mönchhof hieß Mirus. Er brach bei jeder sich nur bietenden Gelegenheit aus der Klausur der Zisterzienserinnen aus. In der Regel spielte sich das so ab: Das Gemeindeamt rief an: „Schwester Gertrudis, Ihr Barry ist wieder da.“ Die Rückholungsaktion lief wie gewohnt: Der Chauffeur des Klosters, Herr Partel, fuhr mit seinem VW-Bus zur Gemeinde. Mirus lief ihm wie immer freudig entgegen, ließ sich die Schiebetür öffnen und hüpfte hinein. Die Heimfahrt genoss er in vollen Zügen wie die Rückkehr eines verlorenen Sohnes. Wie es weiterging? Wie gehabt: Am nächsten Tag läutete das Telefon. „Hier das Gemeindeamt von Mönchhof. Ihr Barry ist wieder da." Abermals setzte sich Herr Partel ans Steuer …

WAUWAU – PER DRAHT

Die Schwestern von Marienkron lieben Hunde – und haben seit der Klostergründung immer welche bei sich gehabt. Der erste Bernhardiner hieß, wie erwähnt, Mirus, der erste Schäferhund Mira. An jeden der Vierbeiner erinnert eine Geschichte, eine Anekdote. Mira war noch ganz jung, ein Welpe, als er den ehrwürdigen Schwestern anvertraut wurde. Er durfte deshalb auch die Nacht im Büro verbringen. Zog aus Spieltrieb oder Langeweile an diversen Drähten herum. Bis ein Telefonapparat auf dem Fußboden landete. Miras Pfoten verirrten sich auf der Wählscheibe – auf die Nummer eins. Prompt läutete es bei der ersten Priorin des Klosters, Mutter Paula, die nichts Gutes ahnend fragte: „Wer ist denn dort?" Die etwas unkonventionelle Antwort: ein aufgeregt-lustiges Wauwau. Nun, Mutter Paula wusste Bescheid, stand auf, ging ins Büro und nahm ihren kleinen Gesprächspartner mit in ihre Zelle.

SCHRECKENSREGIMENT

Sie ist schon eine Institution im Kneippkurhaus von Marienkron, die resolute Schwester Elisabeth. Sie führt in den Gusskammern ein wahres „Schreckensregiment", frei nach dem Motto „kalt–warm". Und das immer begleitet von einem herzerfrischenden Lachen.

Eines Tages bekam Elisabeth den Auftrag, den Konvent

beim Begräbnis des burgenländischen Diözesanbischofs Stefan László zu vertreten. Dazu gehörte auch, die Trauermesse im sogenannten Presbyterium des Eisenstädter Doms mitzufeiern. Nachher fragte die heutige Äbtissin Mirjam Schwester Elisabeth, ob sie sich da vorne mit den Hauptzelebranten wohlgefühlt habe. „Ja, natürlich“, lachte die gestrenge Kneipp-Chefin. „Ich hab sie mir alle angeschaut und gedacht: Den hab ich schon gegossen, den auch und den auch.“

„HIRN MIT EI“

Die ersten Schwestern, die 1955 nach Mönchhof kamen, wohnten im Pfarrhof. Sie bekochten mit viel Fantasie den Konvent der Pfarrherren: für Pfarrer Pater Wolfgang Schonkost, für Güterdirektor Pater Robert vegetarische Menüs, für den pensionierten Pater Gregor zünftige Hausmannskost usw.

Die Schwestern freuten sich jedes Mal auf das Frühstücksbuffet, das aus den Resten der Herrengerichte des Vortags bestand – vor allem auf Hirn mit Ei. Eines Morgens war es wieder einmal so weit. Eine Schwester, die Deutsch nicht gerade gut beherrschte, eilte als Erste zum Buffettisch. Es war keine Spur von Hirn mit Ei zu sehen. Die Schwester schlug die Stirn enttäuscht in Falten und rief leicht verzweifelt: „Bitte schön, wo ist denn der Verstand, den die Herren übrig gelassen haben?“

VON BIBELN UND PIPERLN

„Ein Kloster ohne Klosterschnaps ist kein Kloster“, befand die frühere Äbtissin Rosaria Golsch. Also wurden Rezepte studiert, Winzer befragt – auch die Brüder im oberösterreichischen Engelszell. „Die Mutter Oberin verstand etwas von Kräutern. Ein kreativer Prozess setzte ein“, erzählt Schwester Gertrudis. „Alle Proben wurden verkostet, getestet, der beste Mix gesucht und gefunden.“ Die Eprouvetten wurden in Schränken verstaut, aber bei den abendlichen Bibelstunden entdeckt. Von Kursteilnehmern, die in den Schränken Bibeln suchten, zu ihrem Erstaunen aber Schnapsproben entdeckten „Was, das nennen sie Bibeln?", riefen sie belustigt bis empört. Und fügten hinzu: „Da muss man schon eher von Piperln sprechen."

Schwester Mirjam, die jetzige Äbtissin, konnte der peinlichen Situation auch etwas Positives abgewinnen: „Es wurde zumindest die Einsicht gewonnen, dass es im Kloster nicht allzu ernst zugeht."

DER SABOTAGEAKT

Im Sommer werden in Marienkron Exerzitien abgehalten. Einmal sprach ein gelehrter Pater aus einem oberösterreichischen Stift über Mystik. Immer wieder gestört durch Kratzen und Scharren in den oberen Regionen des Kapitelsaales. Auf dem Klosterboden waren die Hühner untergebracht – das wussten die Schwestern, nicht aber der Gastredner. Er stutzte irritiert, richtete sein Ohr nach oben, legte Pausen ein. Das Kratzen und Scharren wiederholte sich. Die Zisterzienserinnen setzten tiefernste, fromme Mienen auf – und verrieten nichts, erzählte die frühere Äbtissin Rosaria Golsch. Aber vor den nächsten Exerzitien wurden die Hühner auf dem Klosterboden ausgiebig gefüttert und die Lichter abgedreht, sodass sie keine „Sabotageakte" mehr durch Kratzen und Scharren verüben konnten.

DAS GEHEIMNIS DES PILEOLUS

Aus dem dunklen Grün des südlichen Wienerwaldes ragt ein barocker Zwiebelturm. Als Wahrzeichen des Zisterzienserstiftes Heiligenkreuz, mit goldenem Kreuz, grüner Patina. Im barocken Stiftshof Pfeilerarkaden, die Dreifaltigkeitssäule von Giovanni Giuliani. Und als bizarrer Gegensatz dazu die streng romanische Kirchenfassade. Im Hof links führt eine schmale Steintreppe zum Büro des Abtes im ersten Stock. Gemälde, Stiche, Stilmöbel, Bücher.

Gregor Henckel-Donnersmarck kennt beide Seiten wie seine Westentasche: die kommerzielle und die spirituelle. Er studierte Welthandel, startete eine Karriere als Manager bei Schenker & Co., zuständig für die Filiale in Barcelona. Aber eines Tages hatte er das Gefühl, dass sein Leben nicht dem entsprach, was er erwartete, und begab sich auf die Suche nach mehr. Er trat den Zisterziensern bei: Novize, Priester, Prior im Stift Rein, Assistent des Generalabtes in Rom, Nationaldirektor des päpstlichen Hilfswerkes – und Abt des Stiftes Heiligenkreuz.

Gregor Henckel-Donnersmarck ist wortgewaltig, dynamisch und dennoch demütig, wenn es um Ereignisse geht, die Heiligenkreuz in den Mittelpunkt des Interesses rückten: Papstbesuch im Zisterzienserstift am 9. September 2007, Oscar-Verleihung an seinen Neffen Florian Henckel von Donnersmarck, Spitzenplätze der Mönche aus dem Wienerwald in den englischen Pop-Charts mit der CD „Chant – Music for Paradise“.

Und nun zum Stichwort „Pileolus“. Das ist das weiße Käppi des Papstes, das vor allem dann Aufsehen erregt, wenn es von Windböen von dessen Kopf gefegt wird. Etwa bei Auslandsbesuchen auf der Gangway des Vatikan-Flugzeuges.

Es gibt da eine Farbenlehre in der Hierarchie der katholischen Kirche: Weiß ist dem Heiligen Vater vorbehalten, Rot den Eminenzen, also den Kardinälen, Violett den Exzellenzen, d. h. den Bischöfen. Die Ausnahme davon, die die Regel bestätigt: Auch die Äbte der Zisterzienser und Prämonstratenser dürfen einen weißen Pileolus tragen.

Und genau das war das Problem. Gregor Henckel-Donnersmarck bekam knapp vor dem Papstbesuch den violetten Pileolus verliehen. Eigentlich eine bischöfliche Insigne. „Ich war überrascht, hatte eigentlich nicht damit gerechnet“, bekannte der Abt offen ein. „Aber es gab dennoch eine Erklärung dafür. In der Gegenwart des Papstes darf niemand einen weißen Pileolus tragen.“ Die Schlussfolgerung daraus: „Er verlieh mir den violetten Pileolus, damit ich eine ‚adäquate‘ Kopfbedeckung habe, wenn er zu Besuch kommt.“

Gregor Henckel-Donnersmarck wusste nur zu gut, worüber er sprach: „Ich war bei einer Priesterweihe mit weißem Käppi in Rom. Da eilte ein Sakristan auf mich zu und sagte: ‚Per favore, non questo pileolo bianco, perche questo e soltanto per il Santo Padre.“ (Bitte nicht den weißen Pileolus tragen. Dieser ist nur für den Heiligen Vater gedacht.) Gregor Henckel-Donnersmarck: „Geschehen ist natürlich nichts. Aber ich hab schon bemerkt: ein weißer Pileolus kann Probleme bereiten.“

Man kann sich unschwer vorstellen, wie erfreut der Abt aus dem Wienerwald über diese vatikanische Geste war. Im Überschwang seiner Gefühle versandte er SMS an Familienangehörige, Freunde, Bekannte. Dabei unterlief ihm das Missgeschick, die Farben des Pileolus zu verwechseln, statt Violett (Bischöfe)

Rot (Kardinäle) zu schreiben. „‚Das ist unwahrscheinlich', sagte mir ein Mitbruder", erzählte Gregor Henckel-Donnersmarck. „Ich erkannte meinen Irrtum und versuchte, ihn durch neue SMS an Familienangehörige, Freunde und Bekannte zu korrigieren." Der Abt lehnte sich in seinem Sessel zurück, drückte die Fingerspitzen aneinander und schmunzelte. „Wissen Sie, manche Reaktionen auf die erste SMS und deren Richtigstellung waren amüsant", erzählte er. „Der Chef des Päpstlichen Missionswerkes, Leo Maasburg, hatte nach der ersten SMS zurückgemailt: ‚Ich hab es immer schon gewusst, der Papst ist unfehlbar.' Nach der Korrektur scherzte er per E-Mail: ‚Ist er vielleicht doch fehlbar?'"

STRENG GEREGELTER TAGESABLAUF

Das Kloster selbst – eine andere, mystische Welt: Der Kreuzgang mit 300 Säulen aus rotem Adneter Marmor, Giulianis barocke Figurengruppe „Der Heilige Petrus wäscht Christus die Füße", Annakapelle, Kapitelsaal, in dem 13 Markgrafen und Herzöge der Babenberger beigesetzt sind – auch der letzte der Dynastie, Friedrich II., der Streitbare –, die Totenkapelle, in der Skelette in Kandelaberform zum letzten, makabren Tanz einladen, und das Brunnenhaus.

Der Tagesablauf der Mönche, die hier leben, ist streng geregelt:
5.15 bis 6.25 Uhr: Chorgebet (Vigilien und Laudes)
6.25 bis 7.15 Uhr: heilige Messe (Konventmesse)
8 bis 12 Uhr: Arbeit
12 bis 12.20: Chorgebet (Terz und Sext)
12.20 bis 13.00 Uhr: Mittagessen
13.00 bis 13.20: Chorgebet (Non)
14 bis 18 Uhr: Arbeit
18 bis 18.30 Uhr: Chorgebet (Vesper)
18.30 bis 19 Uhr: Abendessen

19.50 bis 20.15 Uhr: Regellesung und Chorgebet (Komplet)
Ab 20.15 Uhr: Nächtliches Schweigen bzw. Nachtruhe

„Wir sind das strengste Kloster Österreichs. Und haben dennoch den höchsten Stand an Mönchen. Und zwar mit 81 an der Zahl. Erst am 14. August wurden sieben Novizen eingekleidet", sagt der Rektor der „Päpstlichen Hochschule Benedikt XVI." in Heiligenkreuz, Pater Karl Wallner. „Wir sind damit das größte Kloster Mitteleuropas." Womit der Zuwachs bei dem sonst herrschenden Priestermangel zu erklären ist? „Wir beten gern. Wir lieben Gott", erklärt Pater Karl, der schmunzelnd hinzufügt: „Wir sind sehr normal. Also wir spielen Basketball, arbeiten mit Computern, Laptops. Und – wichtig ist auch: Wir streiten nicht, wir sind nicht kompliziert."

Benedikt XVI. hat in Heiligenkreuz Klöster mit „klaren Quellbächen" verglichen, an denen man sich nach „schweißtreibenden Wanderungen erfrischen" kann. An der Päpstlichen Hochschule unterrichten derzeit 44 Professoren 153 Studenten aus 21 Ländern (76 aus Österreich, 34 aus Deutschland, acht aus Vietnam usw.).

DIE RITTER DES ORDENS VOM GOLDENES VLIES

Der Orden vom Goldenen Vlies feiert seit Menschengedenken Ende November das Andreasfest. Hinter verschlossenen Türen in der Deutschordenskirche im Wiener Stadtzentrum. Es gab nur eine einzige Ausnahme davon: Im Jahr 2006 wurde im Zisterzienserstift Heiligenkreuz gefeiert, wo dieses Ritual erstmals öffentlich zugänglich war. Die Vliesritter zogen vom Kaisersaal des Klosters in die Stiftskirche. In dunklen Mänteln, die Ordenscollanen mit goldenem Widderfell um den Hals. Alles in mystisches Licht getaucht: der neugotische Hochaltar unter dem Baldachin, das Chorgestühl mit Reliefs und Büsten. Die

Reliefs zeigen Szenen aus dem Leben von Jesus Christus, die Büsten Päpste, Kardinäle, Bischöfe, Monarchen. Über dem Hochaltar eine griechisch-byzantinisch anmutende Christus-Ikone, deren Original im Dom von Sarzana hängt. Der Hochmeister des Deutschen Ordens, Bruno Platter, und Ordenskaplan Abt Gregor Henckel-Donnersmarck zelebrierten dann das Hochamt.

Bei der Opferung warf jeder Vliesritter eine Goldmünze als symbolischen Obolus auf eine Patene. „Nur Hokuspokus, Mummenschanz?", fragte ich Karl von Habsburg, der seinem Vater vor zehn Jahren als Ordenssouverän nachgefolgt ist. „Nein, eine 580 Jahre alte Tradition, die wir aufrechterhalten wollen", versicherte er. Tatsächlich erfolgen die Zeremonien noch so, wie sie der Ordensgründer Philipp der Gute von Burgund 1430 festgelegt hat: der Treueeid bei der Aufnahme vor dem Schwurkreuz, die Ordenscollanen mit goldenem Widderfell, die Andreasmesse, das Requiem.

Die Vliesritter häuften über Jahrhunderte Schätze an. Diese sind heute in der Wiener Schatzkammer zu bewundern, aber weiterhin Eigentum des Ordens: das goldene, mit Perlen, Saphiren und Rubinen verzierte Schwurkreuz, Krönungs-, Ritter- und Messornate aus Samt und Seide, reich mit Gold und Silber bestickt, goldene Wappenketten, Wappenschilder und Collanen. Die Schätze waren oft bedroht: in den Napoleonischen Kriegen, nach dem Ersten Weltkrieg, nach der Annexion Österreichs 1938 usw.

DER PAPST KOMMT

Bevor der Papst am 9. September 2007 Heiligenkreuz besuchte, rauchten in der 3. Klasse der Volksschule gleich vis-à-vis des Klosters die Köpfe. 15 Schüler im Alter von acht bis neun Jahren schrieben mit Bunt- und Filzstiften Briefe an Benedikt

XVI. Verzierten diese mit Zeichnungen, die man als naive Kunst bezeichnen könnte: Päpste, Bischöfe, Kirchentürme, Kreuze, Kinder usw. Was sich die Schüler so von der Seele schrieben? „Du bist ein sehr cooler Papst", lobte etwa der kleine Marco. „Meine Mama arbeitet im Klosterladen. Kauf bitte eine Ansichtskarte", ersuchte Raphaela. Sie fügte noch keck hinzu: „Hast Du gewusst, dass Petrus der erste Papst war?"

Die Idee, Benedikt XVI. Briefe zu schreiben, entstand spontan, erzählen Rektor Karl Wallner und Volksschuldirektor Christoph Hödlmoser. „Sozusagen in letzter Minute. Die Zeit war knapp. Aber jeder der Schüler hat seinen Brief höchstpersönlich verfasst. Es sind auch Rechtschreibfehler enthalten. Alles sollte eben möglichst echt sein."

Über den Papstbesuch in Heiligenkreuz wurde schon Länge mal Breite berichtet. Aber nicht, wie viel er gekostet hat. Das kann man bei aller Pietät schon hinterfragen. Schließlich wurde das Stift völlig renoviert. Wenn man den Abt darauf anspricht, zieht er sich diplomatisch aus der Affäre. Mit einem Schuss Humor. „Dieses Zisterzienserstift existiert schon seit 874 Jahren", erklärt er. „Jetzt kommt erstmals ein Papst zu uns. Da können wir schon Renovierungen für die kommenden 874 Jahre vorwegnehmen."

Noch eine Anekdote aus seinem Mund: Pater Paulus war ein sehr kultivierter, gebrechlicher Herr. Er kümmerte sich dennoch um die Niederaltaicher Scholaren, die auf mittelalterliche Klostermusik spezialisiert sind. Er zeigte ihnen in der Handschriftensammlung etwas Besonderes: ein Kyrie aus dem 13. Jahrhundert. Der Leiter der Scholaren, Konrad Ruhland, schlug mit der Stimmgabel an. Und schon erklang das Kyrie. Pater Paulus stand schwer auf einen Stock gestützt, in Tränen aufgelöst. „Sie müssen das verstehen. Ich habe das seit 500 Jahren nicht mehr gehört."

FEIER IM STIFT ZUR OSCAR-VERLEIHUNG

Es war schon ungewöhnlich, dass Ende Oktober 2007 im Stift Heiligenkreuz eine Oscar-Verleihung gefeiert wurde. Aber der Preisträger Florian Henckel von Donnersmarck hat hier das Drehbuch geschrieben. Auf Einladung seines Onkels, Abt Gregor Henckel-Donnersmarck. Der Film „Das Leben der Anderen“ wurde als der beste ausländische Film ausgezeichnet.

Florian Henckel von Donnersmarck hatte sich in das Zisterzienserkloster im Wienerwald zurückgezogen, um sich voll auf das Drehbuch konzentrieren zu können. „Sicher haben ihn die Stille, die Askese, die Mystik inspiriert“, vermutet Pater Karl Wallner. „Ohne Heiligenkreuz kein Oscar“, bestätigt dann auch der Drehbuchautor zur Freude seines Onkels.

Die Mönche des Stiftes schlugen sich auch oscarreif: mit ihrer CD „Chant – Music for Paradise“, die an der Spitze der englischen Pop-Charts landete. Ihre Gregorianischen Choräle gehen tief unter die Haut, bilden eine „Oase in einer sinnentleerten Welt“, so Pater Karl Wallner. Mit den Einnahmen werden Priester aus Übersee, Vietnam und Afrika unterstützt, die studieren.

Was den Abt bei der Oscar-Verleihung an seinen Neffen erheitert bzw. geärgert hat? „Ein Journalist hielt mir das Mikrophon vor die Nase und sagte: ‚Sehr geehrter Herr Abt Oscar – äh Abt Gregor‘“, erzählt er. Aber Abt Gregor wäre nicht Abt Gregor, wenn er nicht noch eine Anekdote erzählte: „Fürst Schwarzenberg pendelte im 19. Jahrhundert zwischen Wien, Bad Ischl und seinen Schlössern in Böhmen hin und her. Jedes Mal eilte der Pfarrer herbei, um Durchlaucht die Beichte abzunehmen. In der feudalen Struktur der damaligen Zeit war es üblich, dass sich der Pfarrer vor dem Fürsten verneigte, bevor im Beichtstuhl Platz genommen wurde. Der Pfarrer fragte, so die Überlieferung, den Fürsten Schwarzenberg: „Welche Sünden hatte denn Eure Durchlaucht die Gnade zu begehen?“

KAISERLICHE HOHEITEN ÜBERMALT

Das Franziskanerkloster in Maria Enzersdorf ist die erste Station an der „Via Sacra“, dem alten Pilgerweg von der Wiener Paulanerkirche nach Mariazell. Die Wallfahrtskirche „Maria – Heil der Kranken“, die Gnadenstatue über dem Tabernakel des Hauptaltars, eine Kopie der Magna Mater Austriae von Mariazell. Im weitläufigen Klosterhof Schatten spendende Kastanienbäume, Föhren, Birken – und eine Statue des heiligen Johannes Kapistran.

Rechts in der Klausur des Klosters im zweiten Stock ein lang gestreckter Gang, auf beiden Seiten mit Gemälden der kaiserlichen Familie „tapeziert“, besser gesagt: dekoriert. Die besondere Eigenheit dieser Bilder besteht darin, dass man sie ähnlich wie bei Arnulf Rainer überdeckt, übermalt hat. Im konkreten Fall wurden die kaiserlichen Hoheiten, die Erzherzoge und Erzherzoginnen Albrecht, Christina, Elisabeth, Marianne usw. in einen Habit, in ein Klostergewand, gehüllt.

„Früher hat es sich halt nicht geschickt, in der Klausur Prinzen in bunten Kleidern oder Prinzessinnen mit Dekolletés zu zeigen“, erklärt der Pfarrer, Pater Thomas Lackner. „Es wäre mit der Spiritualität des Klosters nicht kompatibel gewesen.“ Einleuchtend, nicht wahr?

In den 1980er-Jahren legten Restauratoren eines der Gemälde, das der Gräfin Dirheim, geborene Pankger, frei. Unter ihren Spachteln schälte sich das Bild einer jungen, attraktiven

Prinzessin in einer weinroten Robe mit dezentem Dekolleté heraus. Kostenpunkt der Restaurierung: 40.000 Schilling (ca. 2900 Euro). Ganz schön teuer. „Ich glaube, dass die übermalten Kaiserbilder sehr gut ins Kloster passen", ist sich Pater Thomas Lackner sicher. Nachsatz: „Es sei denn", lässt er sich eine Hintertür offen, „es findet sich noch ein Mäzen, der die Restaurierung weiterer Bilder finanziert. Darüber könnt' ma reden."

MESSE – SPEZIELL FÜR KINDER

Jeden dritten Sonntag im Monat wird bei den Franziskanern in Maria Enzersdorf eine Familienmesse gefeiert. Bei der Predigt sitzen die Kinder auf den Steinstufen vor dem Volksaltar. Pater Thomas Lackner bindet sie voll in den Gottesdienst ein. Er stellt Fragen, bekommt spontane Antworten, in denen sich ihre Gedankenwelt widerspiegelt. Manche davon lösen homerisches Gelächter in der ehrwürdigen Wallfahrtskirche aus.

„VERGELT'S GOTT" – WARUM?

„Danke schön heißt: Vergelt's Gott." Pater Thomas thematisierte diesen Gedanken in seiner Predigt zum Erntedankfest. „Was drückt das ‚Vergelt's Gott' aus, was steckt dahinter?", wollte er wissen. Da zeigte der kleine Florian auf und sagte im Brustton der Überzeugung: „Geld – einfach Geld."

WORAN GLOCKEN ERINNERN

Eine Familienmesse mit Taufe inspirierte Pater Thomas zu einer Predigt über Glocken. „Warum läuten sie in der Früh, zu Mittag und am Abend?", wollte er von der Kinderschar ringsum wissen. Springt der kleine Sebastian vom Sitz und ruft: „Wir dürfen das Essen nicht vergessen."

Wie wahr, könnte man sagen. Aber es ist halt so, dass die Glocken an das Gebet erinnern sollen.

BLUTSPENDER NAMENS JESUS

Beim schmerzhaften Rosenkranz in der Fastenzeit heißt es, dass Jesus für uns sein Blut geopfert habe. Pater Thomas versuchte bei seinen Schülern auszuloten, was das Geheimnis des schmerzhaften Rosenkranzes sei. „Jesus hat für uns Blut gespendet“, meldete sich Klein-Christian ganz im Rotkreuz-Sinn zu Wort. „Aber nein“, wandte dessen Sitznachbar Heinz ein. „Jesus hat nicht Blut gespendet, sondern Wein – bei der Hochzeit von Kanaa.“

SPIELWIESE „ZINGULUM“

Das Habit, das dunkelbraune Ordensgewand der Franziskaner, besteht aus drei Teilen: dem Habit selbst, einem Oberteil mit Kapuze und einem Zingulum, einer weißen Schnur. Drei Knöpfe an ihr symbolisieren die benediktinischen Gelübde Ehelosigkeit, Armut und Gehorsam. Das Zingulum hat für die Kinder schon eine gewisse Anziehungskraft. „Die ganz kleinen Kinder benützen es als Schnullerersatz“, erzählt Pater Thomas, „die etwas größeren versuchen damit ihre Kräfte zu messen und ziehen an. Ein ganz besonderer Hit ist, wenn ich die Lok spiele und sich die Sprösslinge auf der Fahrt durch den Kindergarten am Zingulum anhängen.“

BABYSITTER-BÖRSE DER PFARRE

Einmal im Jahr führen die Franziskaner von Maria Enzersdorf Eheseminare durch. „An Beziehungen muss eben gearbeitet werden“, begründet das Pater Thomas. Dabei stellte sich heraus, dass manche jungen Eltern keinen freien Abend mehr haben. Ganz einfach deshalb, weil es an Großeltern fehlt, die sich um die Enkel kümmern könnten. „Wir müssen diese Paare unterstützen“, befand Pater Thomas und gründete einen Babysitter-Pool. „Schülerinnen und Studentinnen wurden eigens von uns dafür ausgebildet. Von einer Hebamme, die ihnen den Umgang mit Kleinkindern beibrachte, etwa das Wickeln anhand einer Puppe.

Pater Thomas räuspert sich, als er von einer „Vorgabe“ spricht. „Wir sind ein christlicher Babydienst“, bittet er um Verständnis. „Wir bieten das Service der Pfarre an, erwarten aber, dass mit den Kleinen gebetet werden darf.“ Und er fügt hinzu: „Wir haben da sehr gute Erfahrungen gemacht.“ Eine Babysitter-Stunde kostet fünf Euro. „Wenn sich das eine Familie nicht leisten kann, wird das diskret geregelt“, versichert Pater Thomas. Etwa, dass Eltern 20 Stunden zu 100 Euro bestellen, aber nur 60 Euro bezahlen müssen.

Übrigens: Es gibt bisher nur weibliche Babysitter, aber Pater Thomas musste schon einmal einspringen.

VOTIVBILDER, DIE BERÜHREN

Links im Klosterhof führt der Weg vorbei an Votivtafeln, einem Mariengemälde über die Steintreppe zur Pfarrkanzlei. Gleich vis-à-vis hinter einem schmiedeeisernen Tor lange Gänge, voll gepflastert mit Votivbildern. „Dramatische Szenen – naiv dargestellt“, so definiert Pater Thomas diese Kunstwerke aus Laienhänden. Es handelt sich dabei um die Darstellung von Schicksalen, die berühren, tief unter die Haut gehen. Etwa um ein Kind, das beim Hausbau unter einem Ziegelberg begraben – und von seinem Vater gerettet wurde. „Kürzlich waren Sohn und Mutter – inzwischen 50 bzw. 80 Jahre alt – zu Besuch hier“, erinnert sich Pater Thomas. „Sie erzählten, alljährlich eine Dankwallfahrt nach Maria Enzersdorf zu unternehmen.“

Oder Votivbilder zu den ersten glimpflich verlaufenen Autounfällen in den Jahren 1906/07 in Wien: jenen der Musikergruppe D’ Gumpendorfer in der Operngasse und den eines jungen Mannes auf dem Mariahilfer Gürtel. „Exponate, die immer wieder vom Technischen Museum für Ausstellungen angefordert werden", freut sich Pater Thomas. Viele Motive sind noch zu sehen: Pferde, die scheuen und über eine Böschung stürzen, eine Patientin auf dem Operationstisch, ein Priester beim Versehgang: mit Hostie, Kelch am Krankenlager einer Frau, umgeben von deren Kindern und Ehemann.

ELTERN UNTER DRUCK GESETZT

Votivbilder werden heutzutage kaum mehr angefertigt. Aber erst kürzlich wurden zwei im Kloster abgestellt – wohlgemerkt –, nicht übergeben. „Die Leute haben eine gewisse Scheu, Angst, als zu fromm angesehen zu werden", vermutet Pater Thomas.

Wie gesagt, im ersten Stock gibt es die Votivbilder, zu ebener Erd' die Votivtafeln: aus Marmor, Stein, Holz, mit goldener, silberner, schwarzer Schrift versehen. Da wird gedankt für überstandene schwere Krankheiten, Versöhnung nach Ehezwistigkeiten, für lang ersehnten Nachwuchs usw. „Ein Ehepaar hat nach der Geburt ihrer ersten Tochter eine Votivtafel gestiftet", schmunzelt Pater Thomas. „Es ist aber ein Bub nachgekommen. Jetzt fordert dessen Schwester von ihren Eltern, dass auch für ihn eine Tafel angebracht werden soll."

Die Franziskaner werden aber noch mit einem weiteren Phänomen konfrontiert: Nach dem Tod ihrer Großeltern wissen viele Enkel mit den ererbten Bildern im Nazarener-Stil nichts anzufangen. Das sind kitschig-naive Darstellungen von Engeln, der Muttergottes und dem Heiland, die über dem Nachtkästchen im Schlafzimmer oder beim Herrgottswinkel im Wohnzimmer hingen. „Eigentlich wollten wir die Bilder wegwerfen", gestehen manche Enkel ein. „Aber wir geben sie lieber der Kirche, weil sie unseren Großeltern viel bedeutet haben." Pater Thomas nimmt sie gern. „Dieser Stil ist wieder im Kommen", begründet er das. „Wir haben jetzt eine Welle der Engeldarstellungen. Sie unterscheiden sich nicht allzu stark vom Nazarener-Stil."

Viele Anekdoten ranken sich um das Franziskanerkloster in Maria Enzersdorf. Die Benediktiner-Regel lautet: „Ora et labora." (Bete und arbeite.) Aber wer sagt, dass dabei der Humor zu kurz kommen muss? Ganz im Gegenteil, wie nachfolgender Wahrheitsbeweis untermauert:

„DU BIST NICHTS GEWORDEN"

Es gibt schon in den Niederungen der Innenpolitik die Erfahrung: Wer was werden will, wird nichts. Ist das auch auf das Leben hinter Klostermauern anzuwenden? Na ja: Pater Pascal Gradl trat als Weltpriester dem Orden bei. In der Überzeugung, man stelle auch unter Patres etwas dar, wenn man ein Amt bekleidet. Frei nach dem Motto: „Wem Gott ein Amt gibt, gibt er auch Verstand." Pater Pascal war erpicht darauf, zu erfahren, ob ihm die Provinzialleitung eine Aufgabe zugeteilt habe. Nach deren Sitzung rief ihn Pater Ludwig an: „Ich hab eine Neuigkeit für dich." Pater Pascal übte sich in Bescheidenheit: „Ich sag immer, wie Gott will." Darauf Pater Ludwig: „Ist schon recht – du bist nämlich nichts geworden."

VERSPÄTETER SCHUTZENGEL

Für Pater Bernhard Antl musste alles so rasch wie möglich gehen. Er spielte gerne Tarock – schneller, als er dachte. Nichts ärgerte ihn mehr als ein Mitspieler, der sich zu viel Zeit ließ. „Sag was, tu was", pfauchte er diesen dann nicht gerade im Geist christlicher Nächstenliebe an.

Knapp vor seinem Tod fand man ihn in seinem Zimmer auf dem Boden liegend. „Siehst, der Schutzengel hat uns jetzt geschickt", sagte Pater Engelbert. „Der hätt' euch auch früher schicken können", lautete die schlagfertige Antwort.

KLINGELBEUTEL AUF ABWEGEN

Bruder Florian ist der Senior im Konvent der Franziskaner in Maria Enzersdorf. Ein liebenswürdiger, älterer Herr, der gerne ministriert oder mit dem Klingelbeutel absammeln geht.

Eines schönen Tages ging er aber nicht auf die Gläubigen in den Kirchenbänken zu, sondern auf die Herzmarienstatue. Bruder Florian versuchte allen Ernstes, sie dazu zu bewegen, einen Obolus in den Kirchenbeutel zu werfen. Man muss das verstehen: Seine Sehkraft hat schon nachgelassen. Und er ist von seiner Mission zutiefst erfüllt. „Ich bin gerade am Altar bei der Gabenbereitung gestanden", schildert Pater Thomas Lackner, der Guardian des Klosters in Maria Enzersdorf. „Aber eine beherzte Frau hat die Situation gerettet, indem sie Bruder Florian von der Herzmarienstatue weg- und zu den Gläubigen in den Kirchenbänken hingeführt hat." Wie gesagt: Alle lieben den Franziskanerbruder Florian. Er ministriert fleißig weiter, sammelt auch weiter mit dem Klingelbeutel ab.

WELLE BEI DER TRAUUNG

Pater Thomas wird vor Trauungen oft mit, gelinde gesagt, ungewöhnlichen Anliegen konfrontiert. So etwa mit der Bitte, beim Höhepunkt, dem Wechsel der Ringe, die „Welle" machen zu dürfen. „So etwa wie im Fußballstadion?", hinterfragte Pater Thomas leicht irritiert. „Ja, genau so", drängte die Hochzeitsgesellschaft. „Glaubt ihr denn, das ist in einer Kirche passend?", gab der Ordensmann zu bedenken. „Also, wenn ihr's wollt, macht's das halt", lenkte er ein. In der Überzeugung, in der Kirche würde das ohnedies nicht funktionieren.

Die Trauung wurde vollzogen – ohne dass Wellen geschlagen wurden. „Wenn ich's verboten hätte, wär's vielleicht dazu gekommen", vermutet Pater Thomas. „Aber so ..."

VERGESSENER AUTOSTOPPER

Der frühere Provinzial, Pater Eugen Berthold, war gerade in seinem Peugeot nach Wien unterwegs. Als er am Straßenrand einen Autostopper stehen sah, stieg er reflexartig aufs Gas. Gestand sich dann aber reumütig ein: Das war nicht gerade christlich. Wenn jemand Hilfe benötigt, muss man sie ihm auch gewähren. Gedacht, getan. Der Provinzial in Ruhe stieg auf die Bremse und schob den Wagen etwas zurück.

Was sich dann ereignete, erzählt Pater Thomas fast kabarettreif: „Der Autostopper öffnete vorn die Wagentür: ‚Entschuldigung, fahren Sie nach Wien?' Nach einem knappen Ja von Pater Eugen schließt der Autostopper die vordere Wagentür, nimmt seinen Koffer, öffnet die hintere Wagentür, schiebt den Koffer hinein, schließt die Tür und will vorne einsteigen." Pater Eugen hat dieses Manöver aber offenbar nicht ganz durchschaut. „Er stieg genau dann aufs Gaspedal – und brauste davon", erzählt Pater Thomas. Es gab während der Fahrt kafkaeske Szenen. „Wo wollen Sie hin?", fragte der Ex-Provinzial, bekam aber keine Antwort, weil der Autostopper nicht im Wagen saß, sondern am Straßenrand stand. „Wenn Sie nicht reden wollen – schweigen wir halt", grantelte Pater Eugen. Nach dem Passieren der Stadtgrenze ging das aber nicht mehr so weiter. „Wo möchten Sie aussteigen?", herrschte der Ex-Provinzial seinen fiktiven Fahrgast an. Und eine Spur lauter fügte er noch hinzu: „Jetzt müssen Sie schon mit mir reden." Wieder keine Antwort. Ein Blick ins Wageninnere erklärte, warum: Im Fond lag nur ein Koffer.

Inzwischen hatte der Autostopper schon bei der Polizei Anzeige erstattet. „Da war so a Verrückter mit an komischen G'wand", erzählte er. „Er hat versprochen, mich nach Wien mitzunehmen, ist aber ohne mich davongefahren."

Auch der frühere Provinzial konsultierte die Exekutive und konnte den „Kriminalfall" um den Koffer aufklären.

EINE SCHULSTADT IM STIFT

Die Tiroler Gemeinde Stams am Fuße des Birchkogels im Oberen Inntal: schnee bezuckerte Gipfel, wild schäumende Gebirgsbäche, tiefgrüne Wälder. Links die Zwiebeltürme des Zisterzienserstiftes, rechts das Skigymnasium. Hämmern, bohren und sägen. Das Vordach des Klostereingangs wird gerade mit Kupfer überzogen. „Wir leben in einer Baustelle", beklagt Abt German Erd. „Es ist eben ein Riesenkomplex. Ständig gibt es etwas zu reparieren." Eine Sisyphusarbeit, aber auch eine Investition in die Zukunft.

„Wenn der Schulbetrieb normal läuft, haben wir im Stift gut 1000 junge Menschen zu betreuen", erklärt German Erd. „Im Stiftsgymnasium Meinhardinum 600, in der Pädagogischen Hochschule Edith Stein 300, im Kolleg für Sozialpädagogik 150. Und das Skigymnasium mit 170 Schülern kann man auch dazurechnen." Also eine Schulstadt. Der Abt ist nicht nur Direktor des Stiftsgymnasiums, sondern unterrichtet auch zwei Stunden pro Woche Religion in einer sechsten Klasse.

SCHLIERENZAUER, RAICH, SCHILD

Der Tiroler Landesfürst Eduard Wallnöfer hatte den Anstoß dazu gegeben. Nach einer Ski-WM, die für Österreich nicht gerade gut gelaufen war. „Mander 's ischt Zeit, etwas für den Nachwuchs zu tun", appellierte er. Die Zisterzienser von Stams taten es – und hoben 1967 das Skigymnasium aus der Taufe. „Land und Bund zeigten anfangs wenig Interesse, aber das änderte sich nach den ersten Erfolgen“, schmunzelt German Erd. Heute wird die Finanzierung zu je einem Drittel vom Stift, vom Land Tirol und dem Bund bestritten.

1982 nahm man den Neubau des Skigymnasiums in Angriff. „Er wurde niedrig gehalten, damit es keinen architektonischen Kontrapunkt zum Stift gibt“, erinnert sich der Abt. „Das neue Skigymnasium gleitet wie ein Schiff daher. Es wurde in Wellenform mit Rundungen gestaltet.“

Einen Platz im Skigymnasium zu ergattern, ist allerdings nicht leicht. Es gibt zwei Aufnahmeprüfungen: eine schulische und eine sportliche – und lange Gesichter, wenn man sie nicht besteht, erklärt der Abt.

Das Konzept, Spitzensport mit Schulausbildung zu verbinden, ist jedenfalls voll aufgegangen, wie die Erfolge beweisen: alpin, nordisch, in der nordischen Kombination. bei Olympischen Spielen, Welt- und Europameisterschaften. „Aushängeschild ist derzeit Gregor Schlierenzauer‘“, freut sich German Erd. „Aber ich kann noch andere Namen von Spitzensportlern nennen, die hier die Schulbank drückten: Karl Schnabl, Toni Innauer, Felix Gottwald, Anita Wachter, Niki Hosp, Marlies Schild und Benni Raich, die einander hier kennenlernten. (Ah, das weiß der Abt.)“ Er schmunzelt. So als wollte er sagen: „Das weiß doch jeder.“

Gregor Schlierenzauer bekam Mitte Juli 2009 in Stams sein Abschlusszeugnis für die Handelsschule überreicht. Er bedankte sich bei seiner Klassenlehrerin für ihre große Geduld mit einem Geschenkkorb. „Stams ist eine Schule fürs Leben“, sagte Gregor Schlierenzauer dem Journalisten Christoph Geiler. „Hier werden Talente zu Spitzensportlern geformt. Hier lernen sie Professionalität, Disziplin, Eigenverantwortung, Teamgeist.“

Eine asketische Lebensweise wird schon gefordert: Mit Nikotin-, Alkoholverbot usw.

Gibt es eigentlich noch Kontakt zu den früheren Schülern, wenn sie Stars geworden sind, Gold-, Silber- oder Bronzemedaillen gewonnen haben? „Ja, schon", versichert German Erd. „Absolventen des Skigymnasiums haben einen Verein gegründet und kommen immer wieder zu Besuch. Wir laden sie zu Schulschlussfeiern ein – und es gibt gelegentlich ein Wiedersehen bei Hochzeiten, die gerne in der Stiftskirche von Stams gefeiert werden."

AUF DER STAMSERALM

Die wildromantische Stamseralm in 1873 Meter Höhe gehört ebenfalls zum Zisterzienserkloster. „Das ist schon weit. Da geht man gut drei Stunden hinauf. So an die zwölf Kilometer", weiß German Erd. „Oben gibt es das Prälatenhaus aus der Barockzeit, das eben restauriert wurde. Und eine Kapelle mit einem wunderschönen Gemälde." Ein Hirte sorgt dafür, dass Bergwanderer in seiner Hütten eine „Marende" (auf Tirolerisch: eine Jause) bekommen: mit Wurst, Käse, Milch, Bier und Schnaps.

Letzteren kann er von Frater Franz beziehen, der im Kloster die hohe Kunst des Schnapsbrennens kultiviert: Obstler, Apfelbrand, Birnen-, Marillen- und Vogelbeerschnaps. Dieses Repertoire wird noch angereichert durch Klostergeheimnisse nach eigenen Rezepten, diverse Liköre. Das Stift bewirtschaftet dafür eigens Obstbaumkulturen in Stams und in Südtirol bei Meran, wo es auch ein kleines Weingut besitzt.

KLÖSTERLICHE KOSTBARKEITEN

So eine Stiftsführung durch den Abt höchstpersönlich ist schon etwas Besonderes. Etwa zum Lebensbaum auf dem Hochaltar der Stiftskirche. Bartholomäus Steinle hat da 84 holzgeschnitzte, vergoldete Figuren in einen 15 Meter hohen Lebensbaum eingearbeitet. Bei Adam und Eva als Stammeltern der Menschheit beginnend, bis zur dominierenden Statue der Muttergottes mit dem Kind. Aber es gibt noch andere sakrale Kunstwerke, die tief beeindrucken, so etwa das Österreichgrab der Tiroler Landesfürsten: In der sogenannten Confessio-Anlage stehen in Bogennischen auf Sockeln geschnitzte, vergoldete Figuren in Lebensgröße. Der Bernardisaal ist von einer so leuchtenden Schönheit, dass es einem den Atem verschlägt. Große figurale Gemälde rollen das Leben und Wirken des heiligen Bernhard wie in einem Film auf: wie er König Konrad III. zum dritten Kreuzzug auffordert, den exkommunizierten Wilhelm von Aquitanien bekehrt oder Papst Viktor IV. bewegt, zugunsten von Innozenz II. abzudanken.

DAS RAD DER GESCHICHTE

„Geschichte lebt", schrieb der Historiker Hans Magenschab („Josef II.", „Erzherzog Johann"). Das stimmt, wenn man mit wachen Augen durch das Stift Stams geht. Da sind noch ihre Spuren zu entdecken: etwa die von Graf Meinhard II., der das Kloster begründet, Süd- und Osttirol vereinigt hat. „Er hat Tirol eine Verfassung gegeben, das Bürgertum mit mehr Einfluss bedacht und die Gerichte gestärkt", erzählt German Erd.

Vieles gab es zu überstehen: Plünderungen nach Bauernaufständen, die Aufhebung des Klosters durch bayerische Besatzungstruppen von 1807 bis 1816 und durch das NS-Terrorregime von 1939 bis 1945. In der NS-Zeit wurden hier 500 Aussiedler aus Südtirol einquartiert. Nach Kriegsende schlugen in Stams marokkanische Truppen ihre Zelte auf. Bei der Vierteilung Österreichs nach dem Zweiten Weltkrieg fiel Tirol der französischen Besatzungsmacht zu. Nach deren Abzug fehlten alle Barockmöbel aus den Fürstenräumen und dem Bernardisaal, wird allen Ernstes behauptet. Wie heißt es so schön: Es gilt die Unschuldsvermutung.

Mönche aus dem slowenischen Zisterzienserkloster Sticna fanden 1946 in Stams Zuflucht. Sie waren vor Titos KP-Regime nach Österreich geflohen. „Einige ihrer Mitbrüder waren von Kommunisten ermordet worden“, schildert German Erd. „Ein Pater musste sich zwei Monate in einer Höhle verstecken, bevor er den Eisernen Vorhang durchbrechen und zu uns kommen konnte. Die Slowenen haben sich in das klösterliche Leben von Stams voll eingebracht, sodass wir ihnen zu Dank verpflichtet sind. Vor allem einem von ihnen: Bernhard Slovsa, der zum Abt gewählt wurde, die Kirche, das Kloster restaurieren ließ – und das Skigymnasium gründete.“

DER VIERKANTER GOTTES

Abt Berthold Heigl gibt sich vorerst very british – mit einem Understatement. „Das Benediktinerstift Seitenstetten liegt, wie der Name schon sagt, etwas seitlich von den großen Verkehrsströmen“, erzählt er. „Es ist nicht so bekannt wie die Stifte Melk, Göttweig, Klosterneuburg oder St. Florian. Aber“, gibt er schmunzelnd zu bedenken, „Seitenstetten hat schon seine Reize. Die Ruhe. Die Hügellandschaft mitten im Mostviertel. Die Baumblüte im Frühjahr: Äpfel, Birnen – alles in Weiß getaucht.“

Berthold Heigl spricht gern in Bildern. Etwa über die Geschichte von Seitenstetten, die Zäsur in der Barockzeit: „Die Kirche hat man stehengelassen, das mittelalterliche Kloster ringsum dem Erdboden gleichgemacht.“ Aber es hat ein neues architektonisches Antlitz durch Joseph Munggenast und Johann Gotthard Hayberger bekommen. „In Form eines großen Vierkanters, wie die Bauernhöfe im Mostviertel gebaut werden. Und zwar im Ausmaß von 160 x 90 Metern“, erklärt Berthold Heigl.

RAAB, MOCK ALS SCHÜLER

Die Ausbildung junger Menschen ist die wichtigste Investition im mörderischen Wettkampf einer globalisierten Welt. Das Benediktinerstift Seitenstetten trägt dem Rechnung, indem es ein neusprachliches und ein humanistisches Gymnasium führt.

Mit dem Schwerpunkt Fremdsprachen: Englisch, Französisch, Italienisch, Latein und Griechisch. „Unser Gymnasium haben Schüler besucht, die sich später politisch profilieren konnten", kramte der ehrwürdige Abt in der Stiftsgeschichte. „Bundeskanzler Julius Raab, Vizekanzler Alois Mock, Verteidigungsminister Georg Prader, Bundespräsident Wilhelm Miklas (Erste Republik) und Diözesanbischof Franz Zak."

DIE KLASSE WIEDERHOLEN

Berthold Heigl gehörte ebenfalls zu der erlesenen Schülerschar. „Ich hab es genauso gründlich gemacht wie Julius Raab", verriet er. „Ich musste, so wie er, eine Klasse wiederholen." Aber das wissen die 35 Professoren und 350 Schüler von Seitenstetten schon längst. Und machen sich ihren Reim darauf: Rückschläge wegstecken – mit Grips und Fleiß.

Berthold Heigl sitzt in seinem Büro, in der Prälatur. Im Jugendstil gehalten, mit Wandmalereien – die christlichen Tugenden als Botschaft. Er schlägt die Stirn in Falten, trommelt mit den Fingern leicht auf die Schreibtischplatte. Und erinnert sich an die Weggabelungen seines bisherigen Lebens. Er stammt aus einer Bergbauernfamilie in Ybbsitz. „Wir waren fünf Kinder. Vier davon sind Bauern geworden. Zu mir haben die Eltern gsagt: ‚Dich lass' ma studieren'", erinnert sich der Abt.

STRESSIGER NEBENJOB

Und so geschah es auch. Die Stationen: Sängerknabe im Stift Seitenstetten, Matura, Noviziat in Salzburg und Rom, Priesterweihe, Kaplan, Erzieher, Abt. Mit seiner Familie steht er natürlich weiter in enger Verbindung. „Wir machen jedes Jahr gemeinsam Wanderurlaub. So fünf bis sechs Tage", sagt er. „Ich habe 20 Neffen bzw. Nichten, 38 Großneffen bzw. Großnichten und sieben bis acht Urgroßneffen." Berhold Heigl fügt noch lachend hinzu: „Das ist sozusagen mein Nebenjob. Taufen, Erstkommunion, Firmungen und Hochzeiten in der Familie." Klingt etwas nach Stress.

Der Abt weiß natürlich, dass bei allem Ernst – Gebet, Gesang, Meditation – der Humor nicht zu kurz kommen darf. Und erzählt, wie dieser bei den Benediktinern lebt.

FUSSBALL-EM ODER PRIESTERJUBILÄUM

Pater Notka Wieser war ein Original. Er lebte mit stolzen 80 Jahren in der Stiftspfarre Kematen. Sein goldenes Priesterjubiläum – 50 Jahre – stand unmittelbar vor der Tür.

Pater Michael fragte, ob das Jubiläum am kommenden Sonntag gefeiert werden könnte. Nachsatz: Es würde doch gut passen.

Pater Notka aber wandte dagegen ein: „Es ist gerade die Fußball-EM. Wenn da ein wichtiges Spiel ist, möchte ich es nicht versäumen."

Pater Michael gab nicht so leicht auf: „Wenn das tatsächlich der Fall wäre, dann können wir das Match ja auf Video aufzeichnen."

Pater Notka antwortete unter dem homerischen Gelächter der Pfarrgemeinde: „Zeichnen wir lieber das Priesterjubiläum auf!"

EIN WIEDERSEHEN IM HIMMEL

Der Kölner Kardinal Joachim Meisner besuchte Stift Seitenstetten. Man saß gemütlich beieinander – und fightete mit dem Florett.

Zum Abschied sagte Kardinal Joachim Meisner zu Pater Notka Wieser, einem Original, 80 Jahre alt: „Auf Wiedersehen. Vielleicht aber erst im Himmel."

Darauf konterte der in Ehren ergraute Benediktiner wie aus der Pistole geschossen: „Sand Sie sich da net so sicher, Eminenz!"

„DAS IST UNSER STIFT: WIR HELFEN!"

Ein Kloster ist wie ein Lebewesen. Es muss ständig restauriert, renoviert werden. Eine Sisyphusarbeit. So auch für das Stift Seitenstetten im Mostviertel. Also ging Berthold Heigl daran, Dächer, Außenfronten, Innenhöfe und Sakristei zu renovieren. Es war für ihn ein Erlebnis, das er zeit seines Lebens nicht missen möchte. „Die Menschen aus der Umgebung haben den Putz abgeschlagen, beim Dachdecken usw. geholfen", erinnert er sich. „Sie haben das freiwillig, gern getan. Aus dem Gedanken: Das ist unser Stift. Wir müssen helfen. Da gibt es eine große Verbundenheit." Der Abt nickt wie bestätigend: „Wir haben unsere Helfer zu Mittag verköstigt. Sind mit ihnen ins Gespräch gekommen, haben ihre Freuden, Sorgen und Anliegen kennengelernt. Es war schön, berührend." Tatsache ist, dass für die Stiftssanierung mehr Spenden von privater Seite als aus öffentlicher Hand geflossen sind. Ja, so sind die Mostviertler.

Das Stift birgt viele Schätze. Etwa eine der größten Privatgalerien Österreichs: mit Werken des Kremser Schmidt, von Paul Troger („Mater dolorosa"), Franz Anton Maulbertsch, aber auch zeitgenössische Bilder von Maria Lassnig, Fritz Wotruba oder Werner Berg. Sehenswert auch: Paul Trogers Deckenfresken im Marmorsaal („Tugend und Askese" bzw. „Kunst und Wissenschaft") und in der Bibliothek (Szenen aus der Apokalypse), die Naturaliensammlung, das Mineralienkabinett usw.

36 Benediktiner haben sich neben der Schule auch der Seelsorge verschrieben. Sie haben 14 Pfarren in ihre Obhut genommen – auch die legendäre Wallfahrtskirche auf dem Sonntagberg (700 m).

DAS AVE MARIA AUS ROSA ROSEN

„Narren hasten, Kluge warten, Weise gehen in den Garten“, zitiert der Abt den indischen Philosophen Rabindranath Tagore. Tatsächlich ließ Berthold Heigl den barocken Hofgarten zwischen dem Benediktinerstift und dem Meierhof revitalisieren.

Mozarts Oper „La Finta Giardiniera“ („Gärtnerin aus Liebe“) lässt sich im Fall von Seitenstetten auf die Liebe zweier Frauen zu Blumen, Kräutern, Sträuchen und Bäumen umdeuten. Ursula Haller ergriff die Initiative für den Barockgarten, Andrea Stejskal leitet dieses Paradies auf Erden.

Die Komposition unter der Stabführung des Gartenarchitekten Andreas Zbiral kann sich sehen lassen: Blumenwiesen mit Obstbäumen und Ziergehölzen, ein Kräutergarten, dessen Produkte im Klosterladen angeboten werden, Lorbeerbüsche, Oleander und Zitrusbäumchen als Kübelpflanzen, mehr als hundert historische Strauch- und Kletterrosen, lauschige Separees mit Gartenmöbeln im Grünen: Plauder-, Jausen-, Urlaubs-, Meditationsgarten oder Garten für zwei. Und ein Rosenkranz-Labyrinth: Jeweils zehn rosa Beetrosen stehen für die „Ave Marias“, kugelförmig zugeschnittene Buchsbäume für das „Vater unser“ usw. „Es ist sozusagen ein begehbares Gebet“, sagt Berthold Heigl.

„GELDWÄSCHER" AUF DER KANZEL

Das Franziskanerkloster in Eisenstadt, Joseph-Haydn-Gasse 31. Über dem Hochaltar der Klosterkirche das Relief des heiligen Michael. Es zeigt, wie dieser gerade mit blankem Schwert Luzifer, den Teufel, bezwingt. Auf einem der Seitenaltäre die Nachbildung des legendären Gnadenbildes von Czenstochau. An der Kanzel ein Relief des heiligen Antonius, der aus der Not eine Tugend machte: Die Menschen in der Stadt wollten seine Botschaft nicht hören, also hielt er an einem Dorfweiher den Fischen eine Predigt. Und die verstanden ihn.

Pater Michael Schlatzer wandelt irgendwie auf seinen Spuren. Er schreckt nicht davor zurück, bei seinen Predigten heiße Eisen anzufassen. So etwa kürzlich, als er in der Eisenstädter Franziskanerkirche auf das Bankgeheimnis zu sprechen kam. „Einerseits ärgert es uns, dass es gelockert werden soll. Niemand lässt sich gerne in die Konten schauen", räumte er ein. Zustimmendes Nicken in den Betbänken. „Andererseits will niemand, dass die internationalen Drogenbosse ihr Schwarzgeld weißwaschen." Erneut zustimmendes Nicken – diesmal stärker.

Schließlich bekannte Michael Schlatzer schmunzelnd ein, selbst Geldwäscher zu sein. Nicht im übertragenen Sinn des Wortes, versteht sich, aber doch im eigentlichen. In medias res: Der ehrwürdige Franziskaner wusch seinen Habit, sein Ordensgewand. Dabei übersah er, dass in den vielen Falten dieses Kleidungsstückes noch ein Fünf-Euro-Schein steckte. „Ich hab die frisch gewaschene Banknote gebügelt – sie war wie neu gedruckt", erinnert sich Michael Schlatzer. „Also, wenn Sie wollen, hab ich Geld gewaschen." Fragt sich nur, wer da den ersten Stein wirft.

CHAOS PUR BEIM EIGENTUM

Sicher, die Eigentumsverhältnisse sind historisch gewachsen, aber – oder gerade deshalb – auch heute noch heillos verwirrend. Das Franziskanerkloster gehört der Diözese Eisenstadt, die Kirche dem Franziskanerorden und die Gruft der Fürstenfamilie Esterházy. Das Wohn- und Schlafzimmer von Pater Michael Schlatzer liegt genau über der Gruft, die öffentlich nicht zugänglich ist. „Ich habe das der Fürstin Melinda Esterházy bei ihrem Besuch am 25. Mai 2008 gesagt. Sie war beeindruckt – aber auch etwas verwundert."

Melinda Ottrubay, so ihr Mädchenname, hatte ein unglaublich bewegtes Leben. Sie stammt aus einer verarmten ungarischen Adelsfamilie. Avancierte zur „Primaballerina Assoluta" der Budapester Oper. Heiratete den Fürsten Esterházy, den die Kommunisten nach 1945 enteigneten. Seine Besitzungen im Burgenland bekam er erst nach dem Staatsvertrag 1955 zurückt: Schloss Esterházy in Eisenstadt, Burg Forchtenstein usw. Nach dem Tod ihres Mannes Paul VI. besitzt Melinda 44.000 Hektar Land – Jahresumsatz 20 Millionen Euro.

NEUE ORGEL – DURCH SUPPEN FINANZIERT

Pater Michael Schlatzer hat sich seine ersten Sporen bei den Franziskanern in Frauenkirchen verdient. Die Orgel der ehrwürdigen Basilika pfiff Anfang der 1990er-Jahre schon aus dem letzten Loch. Aber eine neue mit 32 Registern hätte ein kleines Vermögen gekostet: 4,5 Millionen Schilling (ca. 325.000 Euro).

Bei den Patres rauchten die Köpfe, wie sie das „nötige Kleingeld" auftreiben könnten. Dem damaligen Klosterkoch, Pater Michael Schlatzer, kam die Königsidee: ein Buch über Klostersuppen zu schreiben. Es stimmt schon, auch heute werden noch Suppen an den Klosterpforten an sozial Bedürftige verteilt; dennoch waren in den Archiven der Franziskaner so gut wie keine Rezepte zu finden. Ausgenommen der Hinweis, dass den Patres in Notzeiten auch Maikäfersuppen zugemutet werden durften.

Aber Pater Michael brachte das Kunststück zuwege, in seinem Buch 70 bis 80 Rezepte zu veröffentlichen. Ein Bestseller, weil er nicht vergaß anzumerken: Klostersuppen können dazu beitragen, Übergewicht abzubauen, Blutdruck und Cholesterinspiegel zu senken.

Als die ersten Klänge der neuen Orgel in der Wallfahrtskirche erklangen, wisperten die Pilger einander zu: „Das Geld dafür ist von den Klostersuppen gekommen."

Pater Michael, damals auch Guardian (Klosteroberer), teilte seine Rezepte in drei Kategorien ein:
In Körndl-,
Gemüse- und
Fleischsuppen.
Hier eine bunt gemischte Auswahl:
Brot-, Einbrenn-, Grieß-, Haferflocken-, Hebammen-, Bohnen-, Broccolisuppen, Erbsen-, Erdäpfel-, Karfiol-, Käse-, Knoblauch-, Kohlrüben-, Kraut-, Rahmsuppen.
Schwammerl-, Sellerie- und Spargelsuppen, Zichorien-, Zucchini-, Zwiebel-, Bier-, Fisch-, Gulasch-, Hühner-, Klachel-, Ochsenschwanz-, Weinsuppen usw.
Als Bei- und Einlagen empfiehlt der Klosterkoch:
Eintropferln, Faferln, Fritatten, Germzupferln, Gerstel, Grieß-

nockerln, Leberknödel, Leberpofesen, Lungenstrudel, Markknöderln, Nockerln, Nudeln, Schöberln und Semmelknödel.

Pater Michael sorgte aber nicht nur für das leibliche Wohl, sondern auch für das seelische. Er bedauerte, dass nur noch wenige Familien ein Tischgebet sprechen, also Gott für die Gaben danken. Und präsentierte Vorschläge für kurze Gebete vor und nach dem Essen. Im missionarischen Geist, wenn man so will. Eines für Kinder ist berührend:

„Jedes Tier hat sein Essen,
jede Blume trinkt von dir,
du hast auch uns nicht vergessen,
lieber Gott, wir danken dir."

DIE STILLE HÖREN

„Es ist so still hier“, erklärt der Abt des Waldviertler Benediktinerklosters Christian Haidinger. „Es führt keine Autobahn vorbei. Es donnern keine Flugzeuge drüber. Eine Pilgerin flüsterte mir einmal ins Ohr: ‚In Altenburg hört man die Stille.‘“ Aber das hat nicht das Geringste mit Metternichs Doktrin „Ruhe ist des Bürgers erste Pflicht“ zu tun. Ganz im Gegenteil: Hier werden Grundsätze der Glaubensfreiheit, Glaubensvielfalt, Toleranz hochgehalten, verteidigt.

INTERRELIGIÖSER DIALOG

Gottesdienst im Stift Altenburg: Drei muslimische Frauen nahmen daran teil – mit Kopftuch. „Niemand nahm daran Anstoß“, erinnert sich der Abt. „Nachher steuerte eine der Frauen auf mich zu: ‚Heute war ich das erste Mal in einer katholischen Kirche‘, sagte sie mir. ‚So beeindruckend hab ich mir das nicht vorgestellt. Die Lieder, die hier gesungen werden, kennen wir gar nicht.“ Und: Eine Studentin aus Nazareth, eine Christin an die 30, die kaum ein Wort Deutsch sprechen konnte, erklärte Christian Haidinger nach der Messe strahlend: „Ich bin so glücklich.“

Alles Episoden am Rande der „Vienna International Christian-Islamic Summer University“, als diese 2008 im Benediktinerstift Altenburg tagte. 30 Studenten und Studentinnen aus elf Ländern: Indien, Pakistan, Iran, Marokko, Libanon, Saudi Arabien, Kamerun, Bosnien, Israel, Palästina – und Österreich. Unter dem Vorsitz der Völkerrechtlerin Dr. Irmgard Marboe und der Sozialethikerin Dr. Ingeborg Gabriel wurde über Menschenrechte, Religion, politische Gewalt und viele andere Themen diskutiert. „Wir haben einen katholischen Diakon aus dem Libanon mit einem Muslimen in einem Zimmer untergebracht", erinnert sich Christian Haidinger. „Es ging nicht anders. Aber wir haben schon beobachtet, ob es da Probleme gibt. ‚Nein, das geht schon', beruhigten uns beide. Jeder von uns hat ein Plätzchen zum Beten gefunden.' Und Tage später überraschten sie uns mit der Botschaft: ‚Wir haben jetzt gemeinsam gebetet.'"

Liebe, Zuneigung geht bekanntlich auch durch den Magen. Also bekochten einander die 30 Studenten aus elf Ländern zum Abschied. Drei Stunden lang. Es war sozusagen ein multikulturelles Abendessen.

EIN GARTENARCHITEKTONISCHES EXPERIMENT

„Er ist schon ein Hit, unser ‚Garten der Religionen', der zum Dialog inspirieren soll", sagte Christian Haidinger. Als Vorlage dazu diente das Dokument „Nostra Aetate" des Zweiten Vatikanischen Konzils aus dem Jahr 1965. Darin revidierte die Katholische Kirche ihre bisherige Haltung zu den nichtchristlichen Religionen. Sie rückte von ihrem Standpunkt ab: „Extra ecclesiam nulla salus." (Außerhalb der Kirche gibt es kein Heil.) „Es ist notwendig, sich füreinander zu interessieren, mehr voneinander zu wissen", erklärt Christian Haidinger. „Kardinal Franz König hat versichert, dieses Dokument sei eines der wichtigsten des Zweiten Vatikanums gewesen." Es ist ein heiliges, gartenarchitektonisches Experiment. Inmitten des christlichen Klostergartens werden Judentum, Islam, Hinduismus, Buddhismus und „alle übrigen Religionen" durch Steinsetzungen, Wasserläufe, Säulen, Bäume, Sträucher, Blumen usw. symbolisiert.

Gartenfreunde kommen überhaupt voll auf ihre Rechnung.

Es gibt einen Apotheker-, Tier-, Konvent-, Prälaten-, Skulpturen-, Gäste-, Spiel- und Schöpfungsgarten. In Letzterem beginnt die Menschheitsgeschichte, wie gehabt, mit Adam und Eva. Im Zentrum des Gartenbereichs „Versuchung“ steht ein Granatapfelbaum, umgeben von „verführerischen Himbeeren und stechenden Berberitzen“

DAS KLOSTER UNTER DEM KLOSTER

Das Stift Altenburg birgt ein Geheimnis, das Schritt für Schritt gelüftet, zugänglich gemacht wird. Zwei Seelen schlagen da in einer Brust, wie bei kommunizierenden Gefäßen, die einander ergänzen. Kurz auf die Formel „Das Kloster unter dem Kloster“ gebracht. Oder: Unter dem heute so bewunderten Waldviertler Barockjuwel liegt die ursprüngliche mittelalterliche Klosteranlage, eine andere, versunkene Welt. „Man steigt vom mystischen Mittelalter direkt in den Barockhimmel“, charakterisierte das etwa Reinhard Kriechbaum. „Das mittelalterliche Kloster war nicht nur durch den Dreißigjährigen Krieg, sondern auch durch den Zahn der Zeit stark in Mitleidenschaft gezogen worden“, erklärte Christian Haidinger.

1932/33 ergriff der Archivar des Klosters, Friedrich Endl, die Initiative. Er ließ einen Teil des Osttraktes – den Kreuzgang – freilegen. Bürgerkrieg 1934, Annexion 1938, Zweiter Weltkrieg, Widerstand, Wiederaufbau. Erst 1983 konnte das nötige Kleingeld für systematische Ausgrabungsarbeiten aufgetrieben werden: Und so wurden Stück für Stück das Refektorium, die Kapitelsaalapsis, die romanische Kirchenapsis usw. aus dem Schutt der Vergangenheit befreit.

DER ABT MACHTE TABULA RASA

Der längstdienende Abt von Stift Altenburg, Placidus Much (1715–1756) machte Tabula rasa. Er ließ ein Kloster auf das andere bauen. Mit zwei begnadeten Künstlern: dem Baumeister Josef Munggenast und dem Maler Paul Troger. Und es entstand das Barockjuwel, in den Farben Hellblau, Weinrot und Grün gehalten. Die Stiftskirche mit dem Gemälde „Himmelfahrt Mariens" von Paul Troger über dem Hauptaltar. Der Kaisertrakt, Sala terrena, Kaiserstiege. Über ihr wölbt sich ein Deckenfresko, das die Verbindung zwischen Glauben und Wissenschaft symbolisiert. Der Bibliothekssaal ist von einem faszinierenden Wechselspiel zwischen Farbe, Licht und Form erfüllt. Drei Stockwerke hoch, 48 Meter lang, die Schränke aus Nussbaumholz. Das Deckenfresko der längsovalen Hauptkuppel zeigt den Besuch der Königin von Saba bei König Salomon.

Im Stift Altenburg kann man neuerdings eine Zeitreise durch 900 Jahre via Liftanlage untenehmen: von den Kaiserzimmern des 18. Jahrhunderts, entlang der Fassade der mittelalterlichen Veitskapelle zum Infirmarium, der Spitalsabteilung aus dem Jahr 1300. Eine Expedition zum Kloster unter dem Kloster. Das gibt es sonst nirgends.

EINE KLEINE GEMEINSCHAFT MIT VIELEN AUFGABEN

Es sind die benediktinischen Kernthemen, die Europa über Jahrhunderte geprägt haben: „Stabilitas" (Beständigkeit, Bodenständigkeit), „Conversatio" (Bekehrung, Umkehr), „Oboedientia" (Hörbereitschaft, Gehorsam). „Wir sind eine kleine Kommunität – 13 Mönche, die sechs Pfarren betreuen", sagt der Abt. „Nicht zu vergessen die Sängerknaben unseres Stiftes." Und dann gibt es noch das sechs Hektar große Weingut Altenburg, das Familie Ewald und Hermine Gruber gepachtet hat. Das Angebot: Messwein, Weinviertel DAC, Hohenstein-Limberg, Dreißigviertel-Limberg, Convent, Lamberti-Wein,

Taubenberg-Limberg, Frizzante, Domäne Stift Altenburg Merlot usw.

Im Klosterladen werden frisch ab Hof angeboten: Kürbiskernöl, Rapsöl, Kürbiskerne, Apfelsaft, Chardonnay, Weinbrand, Bücher, ausgewählte Predigten, Bibel-Kochbuch zum Alten und zum Neuen Testament, Himmlische Schnitten, Klosterbitter, Wildspezialitäten, Gamswürstl, Wildschweinwürstl, Hirschsalami, Reh-, Hirsch-, Gams-, Wildschwein- und Steinbockschinken.

Beim Ausgang des Klosterladens hängt ein Schild mit der Aufschrift: „Gottes Aug ist überall, drum komm zur Kasse und bezahl."

WIE DER KAISER DEN MISSIONAREN HALF

Also das muss man ihm schon zugestehen, dem Kaiser Franz Joseph: Er hat unglaublich asketisch gelebt: 3 Uhr Früh Wecken, 4 Uhr Überfliegen des Posteinlaufs, 5 Uhr Aktenstudium beim Frühstück (Tee, Semmel, Butter, Schinken), ab 9 Uhr Berichte der Hofbeamten, Minister usw. Zweimal wöchentlich gewährte der Monarch Audienzen – nach strengem Protokoll: Hofknicks oder tiefe Verneigung usw.

Pater Arnold Janssen aus dem norddeutschen Niederrhein zählte schon zu den „Stammgästen" in Schloss Schönbrunn. Immer mit demselben Anliegen, in der Gemeinde von Maria Enzersdorf bei Wien ein Missionshaus errichten zu dürfen. Ihre Apostolische Majestät zögerte aber wegen der verzwickten Rechtslage. Voraussetzung dafür war, dass Pater Arnold Janssen die österreichische Staatsbürgerschaft annahm. Diese wurde ihm aber vom niederösterreichischen Landesschulrat mit der Begründung verweigert: „Ein Missionshaus ist nicht wünschenswert, weil der Staat kein Interesse daran haben kann, dass junge Männer dem Dienst am Vaterland (also der Armee) entzogen werden." Erst bei der achten Audienz wurde das Eis gebrochen: Pater Arnold Janssen bekam 1888 grünes Licht für die Staatsbürgerschaft – und den Klosterbau.

MUTIGER SCHRITT IN EINER SCHWIERIGEN ZEIT

St. Gabriel 120 Jahre später, heute – in Maria Enzersdorf vor den Toren Wiens. Die Heilig-Geist-Kirche mit den charakteristischen Zwillingstürmen, das Missionshaus. Beide rote Backsteinbauten in neuromanischem Stil. Das Büro von Rektor Elmar Pitterle im ersten Stock: Kruzifix, Bilder von Missionsstationen, von in Polen vom NS-Regime ermordeten Mitbrüdern, Bibliothekswand.

Natürlich wird in unserem Gespräch auch die Vorgeschichte der Geschichte erörtert, warum es einen norddeutschen Pater nach Österreich zog. So viel vorweggenommen: der Not gehorchend, nicht dem eigenen Triebe folgend. In Deutschland tobte 1874/75 ein Kulturkampf, als Arnold Janssen sein erstes Missionshaus errichten wollte. Kanzler Otto von Bismarck drängte die katholische Kirche auf allen Ebenen zurück. „Wir leben in einer Zeit, in der alles wankt. Und da wollen Sie etwas Neues beginnen?", zeigte sich der Kölner Erzbischof Paulus Melchers überrascht. „Ja, gerade deshalb muss etwas Neues entstehen", ließ sich Arnold Janssen nicht entmutigen. Er konnte seine Idee in Deutschland aber nicht verwirklichen, sondern musste in das holländische Grenzdorf Steyl ausweichen. Und dort entstand 1875 in einem völlig devastierten Wirtshaus das erste Missionshaus.

„Sind Religion und Humor überhaupt vereinbar?", wollte ich einmal von Kardinal Franz König wissen. „Wer das verneint, den frage ich: Und Sie wollen ein Christ sein?", antwortete er. Die Steyler Ordensmänner müssen hart arbeiten: in den Missionsstationen, in den umliegenden Pfarren, bei der Integration von Ausländern. Aber der Humor kommt nie zu kurz, wie Rektor Elmar Pitterle aus St. Gabriel beweist.

LAUFENDE KOSTEN

Schlag nach bei William Shakespeare. „Ein Königreich, ein Königreich für ein Pferd“, fleht Richard III., von Feinden umzingelt. In St. Gabriel war die Situation weit weniger dramatisch, aber auch der stellvertretende Rektor wollte ein Pferd – kaufen. Er wusste nur zu gut, dass er die dazu erforderliche Genehmigung vom hohen Provinzialrat nicht bekommen würde. Also verfiel er auf die „geniale Idee“, das Pferd unter dem Posten „laufende Kosten“ zu verbuchen, weil diese keiner Erlaubnis von oben bedurften.

BREVIER UMGEBLÄTTERT

Ein Steyler Missionar ging im Klostergarten auf und ab, tief in sein Brevier versunken. Plötzlich kam eine Brise Wind auf – und blätterte einige, viele Seiten des Gebetbuches um. Ein Zeichen des Himmels? Demut war jedenfalls angesagt. „Lieber Gott, ich danke Dir“, sagte der Pater leicht ergriffen, um mit leiser Stimme hinzuzufügen: „Ich hätte mich nicht getraut, so viele Seiten umzublättern.“

BORSTENVIEH IM TALAR

Im holländischen Steyl, dem Mutterhaus der Missionare, schnitt der Bischof einem Schüler die Tonsur. Dieser hatte aber so dichtes Haar, dass Seiner Exzellenz die Schere aus der Hand fiel und zerbrach. Der Bischof entschuldigte sich in der ersten Schrecksekunde aber nicht, sondern rief erbost: „Du hast ja Borsten wie ein Ferkel!“ Wo Menschen sind, menschelt es. Und zwar mit oder ohne Talar.

DURCH DICK UND DÜNN

Ein Steyler Missionar fragte einen Bruder im Herrn in christlicher Nächstenliebe: Welcher Unterschied besteht zwischen einem wohlgenährten und einem sehr hageren, mageren Bruder? Die mit theologischem Wissen durchtränkte, höchst diplomatische Antwort lautete: „Den einen erfüllt die Gottesliebe, den anderen verzehrt sie.“

DER ERSTE MISSIONAR

Aber zurück zum Ausgangspunkt, dem ersten Missionshaus im niederländischen Grenzort Steyl. Die europäischen Kolonialmächte waren gerade dabei, die Dritte Welt unter sich aufzuteilen. Gleichzeitig wuchs die Idee, das Licht des Glaubens in allen Kontinenten zu entzünden. Der ladinische Südtiroler Josef Freinademetz ließ sich als erster Priester in Steyl zum Missionar ausbilden. Er besaß die Kühnheit, Kaiser Franz Joseph 1879 zu ersuchen, seine 36-tägige China-Reise zu finanzieren. In der damals üblichen, unterwürfig klingenden Diktion: „Euer Apostolischen Majestät treu gehorsamster Untertan wagt es, sich Euer allbekannten Großmut mit einer demütigen Bitte zu nähern.“ Tatsächlich bestritt Kaiser Franz Joseph gut ein Drittel der Reisekosten. „Und wenn sie dich umbringen – die Heiden?“, fragte angstvoll die Mutter des Missionars zum Abschied.

Josef Freinademetz kam zunächst mit der Mentalität der Chinesen nicht zurecht. Sprach von einem „Reich der Teufel“. Aber je mehr er Sprache, Kultur, Umgangsformen kennenlernte, desto größeren Respekt zollte er ihnen. Er nahm schließlich den Namen Fu Shenfu (glücklicher Priester) an. Schlüpfte quasi in die Haut eines Chinesen: mit falschem schwarzem Zopf, blauer Toga, Leinenschuhen.

Ungewöhnlich für einen Europäer der damaligen Zeit. Die Kolonialbeamten behandelten Chinesen wie Dreck. Kein Wunder, dass sie sich ausgebeutet fühlten. Das Land der Mitte glich Mitte 1900 einem Pulverfass. Es explodierte in der „Nacht der großen Messer“ am 9. Juni, dem sogenannten Boxeraufstand in

Peking. Einheimische bedrohen, verfolgen, ermorden Ausländer als „fremde Teufel" – auch Steyler Missionare. Eine multinationale Streitmacht wird aufgeboten, um den Aufstand niederzuschlagen: mit Engländern, Russen, Deutschen, Österreichern usw. Josef Freinademetz blieb allen Gefahren zum Trotz bei „seinen Chinesen". Er wurde zum Provinzial ernannt, erkrankte aber an Typhus und starb am 28. Jänner 1908 mit den Worten: „Ich will auch im Himmel ein Chinese sein."

95 Jahre später, am 5. Oktober 2005, auf dem Petersplatz in Rom. Johannes Paul II. spricht den Gründer der Steyler Missionare Arnold Janssen und Josef Freinademetz heilig. Im Beisein von Kardinal Christoph Schönborn, den Landeschefs von Nord- und Südtirol, Herwig van Staa und Luis Durnwalder, zünftigen Schützenkompanien und Tausenden Pilgern aus Österreich.

KÜNSTLER IM KLEINEN

Schauplatzwechsel von Rom nach Maria Enzersdorf zur Heilig-Geist-Kirche, dem Steyler Missionshaus. Hier hängen ausdrucksvolle Mosaikbilder der beiden Heiligen. Kunstvoll zusammengesetzt von Bruder Bernhard Fembek, 85. In liebevoller Kleinarbeit aus Tausenden gefärbten Steinen. Sein Zimmer im zweiten Stock: Kruzifix, Madonnenmosaik in den Farben Gold, Rot, Grün. Bibliothekswand: Bibel, die Bücher „Die Heiligen", „Ein Traum von Christus", „Das Leben ist Tanz". Bruder Bernhard ist sozusagen vom „Flickschuster zum Mosaikkünstler" avanciert. Erst reparierte er „Kriegsschäden an den äußeren Mosaiken" der Kirche. Dann verfeinerte er seine Technik immer mehr. Ging in Rom auf Motivsuche mit dem Fotoapparat: Apostel-, Marien-, Jesusdarstellungen. „Meine Mosaikbilder sind aber etwas farbenfroher ausgefallen", schmunzelte er. „Ich habe dann viele Aufträge bekommen. Aus der Slowakei, Tschechien, Polen, Ungarn. Neue Werke entstanden. Alles um Gottes Lohn", seufzte Bruder Bernhard leicht auf. „Aber manchmal hab ich einen ‚Reibach' (Verdienst) gemacht, sodass ich wieder neue Mosaiksteine anschaffen konnte."

DIALOG UND INTEGRATION

„Mir hat ein Mann telefonisch gedroht", erzählt Rektor Elmar Pitterle, ein gebürtiger Osttiroler: ‚Bei Ihnen arbeiten Muslime. Wenn das in vier Wochen noch immer der Fall ist, werden Sie schon schauen.' Ich hab den Anrufer darauf gefragt: ‚Hat ein Muslim denn keine Kinder, keine Familie, die er ernähren muss? Ich bin erschüttert über Ihre Enge.' Wir schlagen in St. Gabriel Brücken zu den Muslimen, nehmen Kontakt auf. Zwei unserer Missionare besuchen nach dem Ende des Fastenmonats Ramadan deren Kultur-Klub. Und sie besichtigen im Gegenzug unser Missions-Ethnographisches Museum. Das ist eine Stätte der Begegnung zwischen Menschen mit verschiedenen Religionen und Kulturen."

Es ist eine andere, faszinierende Welt, die hier zu sehen ist: eine Bodhisattva-Figur aus China, eine große Emailvase aus Japan, ein zart geschnitzter Corpus des Gekreuzigten aus Indien, Ölbilder aus Bali, Steinzeitwaffen aus Papua-Neuguinea, Schmuck der Buschmänner aus der Kalahari-Wüste, die Feuerland-Sammlung von Pater Martin Gusinde: Zeugnis einer untergegangenen Kultur in Lateinamerika.

Derzeit wohnen 51 Mitbrüder im Missionshaus. Ihr Durchschnittsalter beträgt 68 Jahre. Betreut werden neben der Heilig-Geist-Kirche Pfarren in der Hinterbrühl, der Südstadt, in Wien-Favoriten, Wels, Dornbirn usw.

Georg Bydlinsky hat über St. Gabriel ein kurzes, einfühlsames Gedicht geschrieben:

In der Mittagssonne
die Backsteinmauer des Klosters –
Einsiedlerin in einer Welt
aus Fertigteilen.

Im Herzen der Mauer
stecken die Schatten,
hält sich die Wärme
bis in die Nacht.

DIE „RÜSTKAMMER DES GEISTES“

„Klosterbibliotheken haben mich schon immer fasziniert“, erzählt Pater Philipp Helm, Administrator des Zisterzienserstiftes Rein, das 15 Kilometer von Graz entfernt am Fuße des Ulrichsberges liegt. „Diese Vorliebe wurde noch durch den Roman ‚Der Name der Rose‘ von Umberto Eco verstärkt.“ Auch durch die Verfilmung des Bestsellers von Jean-Jacques Annaud mit Sean Connery in der Hauptrolle. Der Inhalt ist bekannt: Der britische Franziskanerpater William von Baskerville soll höchst mysteriöse Morde aufklären. In einem italienischen Benediktinerkloster – in der mittelalterlichen Welt der Glaubensfehden. Und in diesem Roman und dessen Verfilmung spielt die Bibliothek eine entscheidende Rolle.

Pater Philipp Helm sitzt in der Prälatur des Stiftes Rein, in der Gemälde des heiligen Bernhard, des Barockabtes Placidus Mally usw. hängen. Auf dem Deckenfresko ist Christus zu sehen, an dessen Schulter ein mächtiges, weit in den Himmel ragendes Kreuz lehnt. „Mich faszinieren Klosterbibliotheken, weil da Glaube und Wissen gepaart sind, ineinanderfließen“, bekräftigt Philipp Helm. „Mit meiner Berufung zum Priester hat das aber nichts zu tun.“ Im Zisterzienserstift Rein werden in dieser „Rüstkammer des Geistes“ 90.000 Bände, Hunderte Handschriften und Inkunabeln aufbewahrt.

„ES IST ALLES SEHR KOMPLIZIERT“

Pater Philipp Helm ist Pfarrer des Wallfahrtsortes Straßengel, aber auch, wie gesagt, Administrator des Stiftes Rein. Warum gibt es eigentlich keinen Abt? Bundeskanzler Fred Sinowatz hat einmal gesagt: „Es ist alles sehr kompliziert.“ Das gilt aber nicht nur für die Politik, sondern auch für die Kirche. Pater Maximilian Geier, sehr gescheit, sehr sympathisch, kam wie der Pontius ins Credo. „Plötzlich war ich Kandidat für den Abtposten“, erzählt er. „Die Religionskongregation in Rom gab aber zur bedenken: Pater Maximilian habe erst vor fünf Wochen die Profess (das Ordensgelübde) abgelegt, für die Abtwürde seien aber fünf Jahre erforderlich.“ Das bedeutete im Klartext: „Roma locuta, causa finita.“ (Rom hat gesprochen, die Sache ist erledigt.) Philipp Helm avancierte immerhin zum Prior, ist also, wie er sagt, „für das innere Leben des Stiftes verantwortlich, für das Wohlergehen der Mitbrüder, den geregelten Tagesablauf, die Liturgie. Aber es gibt auch hinter Klostermauern gewisse Konflikte“, räumt er offen ein. „Etwa darüber, wer das stiftseigene Auto dringender für welche Fahrt benötigt. Natürlich kann sich jeder der Patres in seine Zelle zurückziehen, aber es muss auch das gemeinschaftliche Leben abgeklärt werden.“

GEISTIGES UND HOCHPROZENTIGES

Die Mittagshore (das Mittagsgebet) im Sommerchor der Stiftskirche – dort, wo die Orgel steht. Eine schmale Steintreppe führt hinauf, die Glocken läuten. Die Zisterzienser haben weiße Habite übergezogen. Im Chorgestühl steigen die Gebete zum Himmel. Anschließend Mittagessen im kleinen Refektorium, Kaffee im großen Refektorium, das ein Novum enthält: an den Wänden Gemälde von Frauengestalten. Allegorische Figuren, wenn man so will, die an Herrscherhäuser erinnern.

Aber es gibt noch eine kleine, promillehältige Überraschung:

die Einladung, frisch gebrannte Schnäpse zu verkosten. Frau „Antonia Destillate“, wie sie scherzhaft genannt wird, kredenzt in einer Garage ihre „Medizin“: edle Tropfen, gewonnen aus Äpfeln, Birnen, Zwetschken und – in der Apotheke gekauften – Kräutern.

Frau Antonia war 22 Jahre lang Pfarrhaushälterin bei Zisterzienserpater Petrus in Wilhelmsburg. Als dieser 1996 zum Abt von Rein gewählt wurde – er ist inzwischen altersbedingt zurückgetreten –, blieb sie ihm treu: mit alljährlich frisch gebrannten Schnäpsen. Es gibt also etwas zum Schmunzeln in Rein? „Ja“, so Maximilian Geier. „Wir lachen viel beim Frühstück. Das ist auch eine Art Psychohygiene. Mit ironischen Bemerkungen, liebevoller Kritik. Ich kenne Situationen aus anderen Klöstern, wo man einander angeschrieen hat.“

Administrator Philipp Helm ist mit der derzeitigen Situation zufrieden. „Ich habe mit 18 Mitbrüdern eine überschaubare Menge. Mit sehr familiären, korrekten Umgangsformen“, anerkennt er. „Wir müssen immerhin neben dem Stift noch 13 Pfarren betreuen.“ Ob er auch eine Anekdote weiß? „Aber natürlich“, sagt Philipp Helm. „Wir haben einen Mitbruder aus Norddeutschland, der Stiftsführungen durchführt. Natürlich wird er immer wieder gefragt, wie er nach Rein gekommen sei. ‚Mit dem Zuch‘, erklärt er dann, was so viel wie ‚Zug‘ bedeutet. Aus der Stiftskirche wird bei ihm eine ‚Stiftskirsche‘ usw. Daran haben wir uns gewöhnt.“

ÄBTE, DIE SICH ÄHNLICH SEHEN

Aber am meisten amüsiert Pater Philipp die Äbtegalerie, die in der Barockzeit entstanden ist. „Man beauftragte einen Maler, die vorangegangenen Äbte von Rein zu malen. Ohne ihm irgendwelche konkreten Hinweise zu liefern. Porträts gab es nur von den bekannteren Kirchenfürsten. Kein Wunder, dass viele in Öl festgehaltene Äbte einander verblüffend ähnlich sehen. Aber, alle Achtung, zu den im Blindflug gemalten Klosteroberen wurden immerhin ausführliche Lebensläufe geliefert – mit Daten, Fakten, Zahlen.

SCHLÜSSELFEST UND GNADENSCHLÜSSEL

In der Stiftskirche von Rein: Das Hauptaltarbild „Anbetung der Hirten". Vor der Krippe des Jesuskindes. Von Martin Johann Schmidt, auch Kremser Schmidt genannt. Der Freskenzyklus zeigt den heiligen Bernhard in der Weltdichtung „Divina Comedia" („Göttliche Komödie"). Einem Epos über die Erlösung des Menschen, der von der sinnlichen Liebe zur himmlischen gelangt, vom weltlichen Streben zur inneren Betrachtung. So schilderte der italienische Dichter und Philosoph Dante Alighieri seine Wanderung durch Hölle, Fegefeuer und das Paradies.

Heutzutage kann natürlich jeder das Gotteshaus besuchen. „Aber das war nicht immer so", schildert Pater Philipp Helm. Früher galten für Stiftskirche und Kloster strengste Klausurregeln. Der jeweilige Abt ließ nur einmal im Jahr besonders Auserwählte, Wohltäter, Mäzene, das Stift betreten. Er überreichte ihnen als Eintrittskarte einen Schlüssel, der nicht sperrte, sonder nur symbolische Bedeutung hatte. Der Reformkaiser Joseph II. bereitete diesem „Hokuspokus" ein Ende, indem er die Klausurbestimmungen entschärfte, die Stifts- zur Pfarrkirche erhob, die allen offen stand. Aber die Tradition des Schlüsselfestes ist über Jahrhunderte erhalten geblieben. Zu besonderen Anlässen, Jubiläen werden noch immer Gnadenschlüssel geprägt, verschenkt – oder verkauft.

BESCHLAGNAHMT, ENTEIGNET, VERTRIEBEN

Das NS-Terrorregime ging nach der Okkupation Österreichs 1938 gegen Kirche, Klöster und Orden brutal vor. Die Geheime Staatspolizei (Gestapo) beschlagnahmte 1941 das Stift Rein – enteignete es 1942. Die Mönche wurden aus dem Kloster vertrieben, fanden aber in den zum Stift gehörenden Pfarren Unterschlupf. 1945 verlagerten die NS-Bonzen aus Graz ihr Hab und Gut in die Kirche – auch der Fundus des Stadttheaters landete dort. 1945 war der NS-Spuk endlich vorbei, die sowjetischen Besatzer aber nahmen es mit Mein und Dein auch nicht so genau. So wurden vier Lkw mit antiken Stiftsmöbeln, wertvollen Teppichen einfach requiriert – gestohlen, geraubt. Die zurückgelassenen Teppiche von den Sowjetsoldaten zerschnitten und als Pferdedecken zweckentfremdet. Ebenso Paramente, liturgische Gewänder, die als Bekleidungsstücke dienten. Am 25. August 1945 kehrten die Patres in einer Prozession wieder heim. Vom Wallfahrtsort Maria Straßengel zum Stift Rein. Mit Gesängen, Gebeten. Tausende Menschen säumten die Straße mit Tränen in den Augen.

Viel könnte man noch von Stift Rein erzählen. Pater August Janisch kennt seine Geschichte wie kein anderer. Da gibt es den Klosterbegründer Markgraf den Starken, ein Parzifal-Fragment aus dem 13. Jahrhundert, viele unermesslich wertvolle Schätze: eine Schutzmantelmadonna, die Maria-Theresien-Kasel, den Messkelch aus der Zeit um das Jahr 1700, alte Instrumente wie Hammerflügel, Schrankklavier, Tanzmeistergeige usw.

Man darf nicht vergessen: Rein ist das älteste ununterbrochen bestehende Zisterzienserkloster der Welt – mehr als 900 Jahre alt.

DIE STILLENDE MADONNA

Gottfried Kumpf hat die Poesie der Pannonischen Tiefebene in seinen Bildern eingefangen. Die lang gestreckten Weingärten, knorrigen Obstbäume, tief geduckten Häuser. Und den burgenländischen Seewinkel mit all seiner kulturellen Vielfalt. Das verträumte Schloss Halbturn, den jüdischen Friedhof – ein zutiefst beeindruckendes Mahnmal –, die mächtige Basilika von Frauenkirchen mit grün leuchtenden Türmen. Der Guardian des Franziskanerklosters, Pater Elias Unegg, erwartet mich schon im Beichtzimmer. An den Wänden ein Kruzifix, Bilder der Madonna von Guadalupe und des heiligen Charbel Makhlouf aus dem Libanon.

„Ich weiß, Sie wollen nicht nur geschichtliche Hintergründe erfahren, sondern auch Anekdoten hören", lächelt Pater Elias milde. „Aber da wird Ihre Ausbeute mager sein. Ich habe momentan nur eine auf Lager: Als Theologiestudent war ich oft im Habit in der Wiener U-Bahn unterwegs. Eines Tages saß mir eine junge Mutter gegenüber, deren Kind plötzlich auf mich zu deuten und zu schreien begann: ‚Papi, Papi!' Es wollte unbedingt zu mir, war einfach nicht zu bändigen." Die junge Mutter „entlastete" den künftigen Geistlichen, indem sie klarstellte: „Mein Gott – das ist halt eine Verwechslung."

MIT TRÄNEN IN DEN AUGEN

Der Weg zur Basilika führt am Klosterladen vorbei: Statuen der

Muttergottes, von Franz von Assisi, Pater Pio, Bücher, Ikonen, Kruzifixe, Rosenkränze, Kerzen, Heiligenbilder, Schlüsselanhänger, Kräuterlikör, Messwein und Weihwasser – „gratis“, steht da, „aber mit Selbstbehalt von 2,50 Euro pro Flasche“. In der Basilika selbst ein legendenumranktes Gnadenbild im Seitenaltar links vorne: eine Muttergottes, die das Jesuskind stillt. In den Türkenkriegen wurde die Kirche bis auf die Mauern niedergebrannt. Aber das Gnadenbild blieb der Legende nach von den Flammen verschont. Noch heute wird die stillende Madonna verehrt: mit brennenden Kerzen, Blumensträußen – Fürbitten, Gebete steigen zum Himmel. „Diese Muttergottes ist etwas Besonderes“, erklärt Pater Elias. „Sie trägt nicht mitteleuropäische, sondern arabische Züge, wie eine Fürstin aus dem Mittleren Osten.“

Auf dem Hauptaltar steht über dem Tabernakel eine Madonnenstatue mit Krone, Zepter, weißgoldenem Mäntelchen. Nur zweimal jährlich ist diese Holzstatue ohne barocken Dekor zu bewundern: von Gründonnerstag bis Karfreitag und zu Mariä Geburt am 8. September. „An diesem Tag dürfen die Gläubigen die Statue berühren“, erzählt Pater Elias. „Fast alle machen davon Gebrauch. Sind zutiefst gerührt. Haben Tränen in den Augen.“

EINE BOTSCHAFT AUS MEDJUGORJE

Der Wallfahrtsort Medjugorje in Bosnien-Herzegowina Anfang der 1980er-Jahre. Sechs Kinder spielten gerade auf dem Crnica-Hügel, als eine „unglaublich schöne Frau“ aus einem Kegel von Lichtblitzen trat. Sie bezeichnete sich der Fama nach als „Heilige Jungfrau“ und richtete Botschaften an die Welt: „Frieden muss herrschen. Zwischen Gott und den Menschen. Und unter den Menschen“, „Fest zum Glauben stehen“, „Umkehr, Bekehrung“ usw. Aber nur die Kinder konnten die Muttergottes sehen, mit ihr reden, sie berühren.

Eine der Seherinnen, inzwischen eine Frau um die 30, kam im Oktober 2007 nach Frauenkirchen: Maria Pavlovic, Mutter von vier Kindern. „Die Pilger reisten mit Bussen aus Ungarn, der Slowakei und vielen Teilen Österreichs an, um sie zu sehen. „Noch nie war die Basilika so gesteckt voll", erinnert sich Pater Elias. „Maria Pavlovic kniete sich vor dem Hochaltar nieder, betete das Vaterunser, das Ave Maria, den Rosenkranz. Plötzlich wurde es mucksmäuschenstill. Man spürte – jetzt kommt die Botschaft." Pater Elias nickte mit dem Kopf, als wollte er bekräftigen – ja, so war es: „Wenn die Seherin mit der Muttergottes spricht, hört man sie nicht reden, sieht nur, dass sich ihre Lippen bewegen." Aber nachher gab sie ihre Botschaft von Frauenkirchen bekannt: „Liebe Kinder, vergesst nicht, dass ich Eure Mutter bin – und dass ich Euch liebe."

„Maria Pavlovic ist ein ungewöhnlicher Mensch. Sie hat so ein Strahlen in den Augen, ein Leuchten, das von innen kommt", sagt Pater Elias. Aber Rom steht den Seherinnen von Medjugorje, den dortigen Marienerscheinungen, Wundern sehr zurückhaltend, skeptisch gegenüber. Das war zwar anfangs auch in Lourdes und Fatima so, aber in diesem Fall kommt noch ein erschwerendes Faktum hinzu, heißt es in Kirchenkreisen. Die Botschaften der Muttergottes von Medjugorje, wie sie die Seherinnen weitergegeben, haben teilweise kirchenpolitischen Inhalt. Sie richten sich gegen den Bischof von Mostar, der größere Pfarren seiner Diözese mit Welt- statt mit Ordenspriestern (Franziskanern) besetzt haben will. Das hat einen historischen Hintergrund: Die Osmanen ließen bis zur Okkupation von Bosnien-Herzegowina durch k. u. k. Truppen 1878 nur Franziskanerpatres zu. Denn sie argwöhnten, dass Weltpriester mit der Republik Venedig – bis zur Absetzung des letzten Dogen 1797 – konspirieren könnten.

Aber zurück zum Wallfahrtsort Medjugorje von heute: Es

kommen Millionen Pilger aus aller Welt, vor allem aus Italien, den USA und Lateinamerika. Es gibt keine spektakulären Wunder, aber viele Bekehrungen und Berufungen zu geistlichen Berufen.

WUNDERSAME HEILUNGEN

Wunder – gibt's die überhaupt? Und wenn, auch in Frauenkirchen? Ja, zumindest wenn man dem Franziskanerpater Dr. Athanas Horvath glauben darf. Er veröffentlichte 1926 ein Büchlein über die „Geschichte des Gnadenortes". „Mit Bewilligung der Ordens- und kirchlichen Obrigkeit", wie er eigens vermerkte. „Die Patres des Klosters gaben schon 1698 ein Buch mit dem Titel ‚Mystische Rose' heraus", erinnert Athanas Horvath. „Mit genauen Namens- und Jahresangaben von 170 wunderbaren Fällen." Dazu kommen aber noch 300 weitere Fälle aus späteren Zeiten.

Der Buchautor Athanas Horvath zählt einige Beispiele von wunderbaren Heilungen auf – bis zum Jahr 1926. „Die Glaubwürdigkeit der Ereignisse beruht natürlich auf der Zuverlässigkeit menschlicher Zeugnisse", gibt er zu bedenken. „Sie ist so hoch einzuschätzen wie die Glaubwürdigkeit jener Zeugen, die sie protokollarisch bestätigten."

Zu Beginn der Fallbeispiele stehen die Orte, wo es zu den wunderbaren Heilungen gekommen sein soll. Von den Geheilten oder Geretteten werden nur die Anfangsbuchstaben der Vor- und Nachnamen verraten. Mehr nicht. Aber das genügt.

Bruckneudorf: Auf Krücken schleppte sich F. J. nach Frauenkirchen. Nach andächtiger Beichte und Kommunion wurde er vor dem Hochaltar geheilt. In Anwesenheit einer großen Volksmenge. Er übergab seine Krücken als Andenken der Kirche.

Neusiedl am See: Der Sohn von Adam M. fiel in einen tiefen Brunnen. Die Eltern wollten ihn schon aufgeben. In ihrer Verzweiflung gaben sie ein Gelübde zu Ehren der Muttergottes von Frauenkirchen ab. Und: Das Kind konnte unverletzt aus dem Wasser geborgen werden.

Kirchberg: Seit acht Jahren konnte R. J. nicht gehen. Im Traum erschien ihm die Heilige Jungfrau und mahnte: „Lass Dich in die Kirche von Frauenkirchen tragen. Und empfange die Sakramente." R. J. tat, wie geraten – und verließ geheilt das Gotteshaus.

Gerhaus: S. N. war zeit seines Lebens ein großer Verehrer der seligen Jungfrau von Frauenkirchen. Einmal fiel er samt Pferd und Wagen in einen tiefen Abgrund. Während des Sturzes sah er die Muttergottes und wurde gerettet. Das ist heute noch auf einem Widmungsbild zu sehen.

Raab: N. J. litt furchtbar unter dem Wahn, unrettbar verdammt zu sein. In seiner Verzweiflung wollte er den Tod in der Donau suchen. Da kam ihm der Gedanke, vor der seligsten Jungfrau von Frauenkirchen ein Gelöbnis abzulegen. Kaum hatte er das getan, erfüllte ihn ein wunderbarer Frieden.

Preßburg: Eine verdienstvolle Nonne im fortgeschrittenen Alter fiel in eine tödliche Krankheit. Als schon alle Hoffnung aufgegeben war, riefen ihre Mitschwestern die Muttergottes von Frauenkirchen an. Die Priorin wurde überraschend schnell gesund.

St. Margarethen: A. F. war schon seit Jahren blind. Er hörte viel von der wunderbaren Muttergottes in Frauenkirchen. Er wandte sich voll Vertrauen an sie – und gewann das Augenlicht wieder zurück.

Wien: Dr. Johann Christoph, Leibarzt Seiner Majestät, fiel mit Frau und drei Kindern in eine schwere Krankheit. Er, der so vielen geholfen hatte, konnte sich und seiner Familie nicht helfen. Auch die Kunst seiner Berufskollegen versagte. In höchster

Not wandte er sich an die Muttergottes von Frauenkirchen – und siehe da: Alle wurden gerettet.

Raab: S. M., eine adelige Frau, litt vier Jahre an einem schweren Fußleiden. Sie legte ein Gelübde vor der Muttergottes von Frauenkirchen ab und wurde auf wunderbare Weise geheilt. Aus Dankbarkeit spendete sie „Füße – aus Silber modelliert" und ein kostbares Marienbild.

Eisenstadt (vermutlich): Die schwere, lang anhaltende Krankheit der Gemahlin des Grafen Nikolaus von Esterházy drohte tödlich zu enden. An menschlicher Hilfe verzweifelnd, wandte sie sich voll Vertrauen an die wundertätige Muttergottes von Frauenkirchen. Worauf sofortige Besserung und völlige Genesung eintraten – entgegen allen Prognosen, Diagnosen. In Dankbarkeit gedachte sie der Muttergottes und spendete für die Kirche.

Mag schon sein, dass es zu wundersamen Heilungen gekommen ist. Sie wurden aber nie von einer Ärztekommission überprüft. Die Kirche ist da sehr streng. In Lourdes gab es bisher 7000 medizinisch nicht erklärbare Heilungen, aber nur 67 von ihnen wurden als Wunder anerkannt.

In dem Büchlein „Geschichte des Gnadenortes Frauenkirchen" heißt es im Kapitel „Wunderbare Heilungen" abschließend: „Der Priester kann Zeugnis davon ablegen, dass Maria als ‚Zuflucht der Sünder', ‚Trösterin der Betrübten', ‚Hilfe der Christen' noch heute die Wundergaben ihrer gütigen Barmherzigkeit mit vollen Händen austeilt." Aber gibt es noch heute Heilanzeigen in der Basilika von Frauenkirchen? „Nein", versicherte der Guardian, Pater Elias Unegg.

DIE GRÜNENDE EICHE IM SCHNEE

Sie liegt im Herzen des Waldviertels. Dort, wo die wild schäumende Zwettl in den Kamp mündet: die Stadt Zwettl, mit den Renaissancefassaden der Ackerbürgerhäuser im Zentrum. Knapp drei Kilometer nordöstlich davon entfernt: das Zisterzienserstift Zwettl, versteckt in einer Talsenke an einer Flussschlinge. Aus dem dichten Grün der umliegenden Wälder ragt nur die Spitze des granitgrauen, 77 Meter hohen Kirchturms hervor. In der Päpstlichen Hochschule in Heiligenkreuz wird mitunter gescherzt: Manche Kleriker, also Studenten, verneigen sich jeden Tag in der Früh in Richtung Zwettl, weil dessen Turm so hoch und so beeindruckend ist.

Auf dem schmiedeeisernen Gitter beim Kircheneingang hing vor Monaten ein Zettel mit der Aufschrift: „Wir bedauern, dass wir die Kirche wegen eines brutalen Diebstahls geschlossen halten." Man liest immer wieder, dass Diebe nicht davor zurückschrecken, Gotteshäuser heimzusuchen. Aber wenn man so direkt damit konfrontiert wird, ist man schon betroffen, geht das schon unter die Haut. Die Kirche bleibt vorerst weiter geschlossen, weil sie renoviert werden muss: der Hochaltar, die Fenster usw. „Bei heftigem Gewitter dringt das Regenwasser herein", erklärt Abt Wolfgang Wiedemann.

AM ANFANG STAND EIN TRAUM

Legenden ranken sich um die Gründung des Klosters. So etwa

ist die Rede von einem Traum, den Hadmar I. von Kuenring und der erste Abt des Stiftes, Hermann, zu Silvester 1137 geträumt haben sollen. Die Muttergottes beauftragte sie demnach, mitten im Winter eine grünende Eiche zu suchen und an der Fundstelle ein Kloster samt Marienaltar zu errichten. So geschah es dann auch. Mit zwölf Mönchen, die eigens aus Heiligenkreuz herbeieilten. Eine steinerne Brücke über den Kamp schlugen, die Besucher noch heute nach mehr als 800 Jahren queren können.

Wenn man das Stift jetzt besichtigt, ist man von seiner Atmosphäre fasziniert, der Mystik, Spiritualität, Kunstgeschichte. Von der mittelalterlichen Klosteranlage sind manche Teile noch unversehrt erhalten geblieben: der gotische Kreuzgang, das sechseckige Brunnenhaus, der Kapitelsaal, in dem früher die Äbte gewählt wurden, das Dormitorium, der ehemalige Schlafsaal der Mönche, das Necessarium über einem Seitenarm des Kamps – die älteste erhaltene Latrinenanlage Mitteleuropas. Nicht zu vergessen die Bibliothek: mit 425 Handschriften, 280 Inkunabeln, 80.000 Bänden.

Das bekannteste Werk: die „Zwettler Bärenhaut“. Wegen seines Einbandes so genannt. Er ist aber nicht aus der Haut eines Bären, sondern eines Ebers angefertigt worden, der früher auch als Saubär bezeichnet wurde. Der Inhalt: die Gründung des Klosters, dessen Geschichte, die Beziehungen zur Stifterfamilie, den Kuenringern.

Im Kircheninneren dann der Hauptaltar mit dem Gemälde „Himmelfahrt Mariens“. Auf der vergoldeten Tabernakeltüre ein Relief mit Christus und den Emmausjüngern, die Skulpturgruppe der zwölf Apostel; über dem Tabernakel wächst eine Eiche empor, deren Baumkrone das Bild des Gekreuzigten im Strahlenkranz trägt. Die wichtigsten Kunstschätze des Klosters: das Zwettler Kreuz, ein romanisches Reliquienkreuz aus dem

13. Jahrhundert – im Zentrum der aus Goldblech getriebene Corpus Christi, der Zwettler Abtstab, aus Elfenbein geschnitzt, in der Krümme eine Statuette des heiligen Bernhards, der ehrfürchtig vor der Madonna und dem Jesuskind kniet.

TÜRKISFARBENE EIER UND ANDERES MEHR

Im Zisterzienserstift gibt es derzeit 20 Mönche. Sie führen nicht nur das Kloster, sondern auch 14 Pfarren. Eine davon hat Abt Wolfgang Wiedemann höchstpersönlich übernommen, jene von Windigsteig. „Ich brauche das zum Ausgleich", begründet er sein Pfarr-Engagement und verrät schmunzelnd: „Ich züchte in meinem Pfarrhof auch Hühner – momentan 34 an der Zahl. Das sind keine traurigen, sondern glückliche Hühner, weil sie sich auf einem riesigen Areal frei bewegen können. Und es sind ganz spezielle Hühner", schmunzelt er, „sogenannte Araukaner (Grünleger). Sie legen Eier mit türkisfarbenen Schalen – mit weniger Cholesteringehalt." Nun, die Pfarrkinder kaufen die Hühnereier. Mit dem Erlös wird das Futter für den Zuchtbetrieb mitfinanziert. „Meine Wirtschafterin ist gerade 14 Tage auf Urlaub", erzählte Wolfgang Wiedemann. „Da bin ich Hausmann, für alles zuständig. Ich genieße es, in den Garten zu gehen – zu den zwei Weichselbäumen, die wir dort gesetzt haben. Ich bin der Einzige, der Weichseln isst – also gehören die beiden Bäume de facto mir allein."

Also vielseitig sind sie schon, die Zisterzienser mit Abt Wolfgang Wiedemann an der Spitze, der auch Manager wie in der Privatwirtschaft ist. So betreuen sie die Zwettler Sängerknaben, führen eine Höhere Lehranstalt für Umwelt und Wirtschaft im Yspertal (eine fünfjährige Ausbildung mit Matura; die Fächer: EDV, Biologie, Umweltanalytik, Physik, Umweltmess- und Regeltechnik, Umweltökonomie, Abfallwirtschaft, Raumplanung usw.). Und betreiben auch Fischzucht – Forellen, Karpfen – in den Rudmannser Teichen. Samt jährlichem Abfischfest – Petri Heil! Weiters veranstalten die Zisterzienser Orgelfeste, Konzerte, Bibelwanderungen zur religiösen Vertiefung, Fastenwanderungen im Frühjahr mit Gymnastik und Vorträgen über gesunde Ernährung, eigene Gitarrewochen für Musikfans usw. Eine Augenweide für sich: die Klostergärten von Zwettl, nach historischen Vorbildern neu gestaltet: Prälaten-, Terrassen-, exotische Gärten, Orangerien, Abteihof, Gartenhaus, Sommerstöckl usw.

KLOSTERBÄCKEREI ALS GEHEIMTIPP

Das Hotel „Blaue Gans" in der Salzburger Getreidegasse zu nachtschlafender Zeit – Punkt 4 Uhr Früh. Der Wecker läutet: erst leise einfühlsam, dann immer heftiger, schließlich in schrillen Misstönen. Man kennt diese Tortur. Wenig später – 4.45 Uhr – steht wie bestellt ein Taxichauffeur vor dem Eingangstor. Er kennt zwar den Stiftskeller, nicht aber das eigentliche Fahrziel: die Stiftsbäckerei. Eine Mini-Odyssee beginnt über den Domplatz, wo noch die „Jedermann"-Rufe nachhallen, zum Kapitelplatz. Auf Nummer acht werden wir fündig: direkt unter der Festung Hohensalzburg.

Ein malerisches Bild: Stiftsbäckerei, Mühlrad, schroffe Felswände. Die barock verspielten Kirchtürme von St. Peter, der Petersfriedhof, der Stiftshof, die Pforte des Benediktinerklosters. Jeden Dienstag um 8 Uhr Früh warten hier sozial Bedürftige darauf, dass der Pförtner Pater Karl seinen Schalter in der Stiege 1 öffnet. „Jeder, der vorbeikommt, erhält zwei Euro", erzählt der Geschäftsführer, der Stiftskämmerei, Magister Georg Stadler. „Herkunft, Alter, Aussehen unserer Kunden ist völlig unterschiedlich. Früher wurde auch Klostersuppe ausgeschenkt. Aber es fehlt an den geeigneten Räumlichkeiten für die Betreuung. Daher die Lösung mit den zwei Euro, die sehr stark angenommen wird." Der Geschäftsführer scherzt noch: „Und wenn jemand zweimal kommen sollte, ist das auch nicht wirklich ein Problem."

NOCH EIN GRAB FREI?

Legenden ranken sich um den Petersfriedhof am Fuße der bizarren Felswand des Mönchsberges: Gruftarkaden, schmiedeeiserne Grabkreuze, reichlich verzierte Grabsteine, Statuen, Kapellen. Hier sind auch Johann Michael Haydn und Mozarts Schwester „Nannerl“ beigesetzt. Ich frage auf gut Glück, ob auf dem Petersfriedhof noch ein Grab zu haben sei. „Der Friedhof steht unter Denkmalschutz. Die sanitätspolizeilichen Vorschriften sind streng“, gibt Georg Stadler zu bedenken. „Manchmal wird ein Grab frei – und vergeben. Es gibt da aber eine lange Warteliste.“ Und dann wie das Orakel von Delphi: „Dass etwas absehbar ist, kann keiner realistisch sagen.“ Und: „Da müsste schon ein Grabinhaber sagen: ‚Ich brauch mein Grab nicht mehr. Ich gebe die Nutzung auf. Und stelle sie zurück.‘“

Sie sind schon sehr beeindruckend – die sogenannten Katakomben (Einsiedeleien), in den Stein der steilen Felswand gehauen: die Ägydius-, Gertrauden- und Maximus-Höhlenkapellen. Eine schmale, durchgetretene Treppe führt zur Gertraudenkapelle, die auch dem heiligen Thomas Becket gewidmet ist. Auf Freskenresten ist wie in einem Film der Mord im Dom an Thomas Becket, dem Erzbischof von Canterbury, zu verfolgen. Jean Anouilh hat dazu das Drama „Becket oder Die Ehre Gottes“ geschrieben – ein Sensationserfolg am Wiener Burgtheater mit Oskar Werner und Heinrich Schweiger.

BROT IN VIELEN VARIANTEN

Zurück zum Ausgangspunkt der Klosterexpedition in Salzburg: Kapitelplatz 8, 5 Uhr Früh. Es ist eine andere, nostalgische Welt: Links führen einige Stufen hinunter zur ältesten Bäckerei der Stadt, der Stiftsbäckerei. Einige Meter dahinter ein Mühlrad, wie aus Franz Schuberts Melodien gezaubert. Durchmesser stolze vier Meter, Breite zwei Meter, sechs Umdrehungen pro

Sekunde. Gespeist mit dem Wasser aus dem Stiftsarm des Almkanals, der schon 1137 bis 1143 durch den Mönchsberg getrieben wurde. Eine unglaubliche Pionierleistung. „Ich habe das Mühlrad vor zwei Jahren wieder errichtet", erzählt Franz Grabmer, der früher die Stifts-Salzachmühle geleitet und jetzt die Stiftsbäckerei gepachtet hat. „Es war mir ein Dorn im Auge, dass die Wasserkraft völlig ungenützt blieb", begründet er das. „Jetzt ist das Mühlrad eine Art Kleinkraftwerk, das 80.000 Kilowattstunden pro Jahr erzeugt – und damit 25 Haushalte versorgt."

Nun zur Stiftsbäckerei selbst, die zugleich Verkaufsraum ist: Kruzifix, Holztisch, Sparschweinchen – recht mager dotiert. Das Angebot (Preise Ende Juni 2009): Laib Holzofenbrot aus reinem Natursauerteig 2,95 Euro pro Kilo, Briocheknopf aus Hefeteig mit Weizenmehl, Milch, Butter, Zucker und Eiern 0,95 Euro pro Stück, Vintschgerl aus biologischer Getreideproduktion 0,75 Euro pro Kilo, Gewürzweckerl mit Koriander, Kümmel, Fenchel, Anis und Sonnenblumenkernen 0,90 Euro pro 180 Gramm usw.

„Es ziagt scho eini", ruft der Bäcker Kurt Michelmayr, als er den Backofen mit 50 Fichtennadel-Ästen befeuert. „Wir benötigen eine Temperatur von 270/280 Grad", erklärt er mit Blick auf die Glut. 200 bis 250 Kilo Brot werden pro Backvorgang hergestellt. Mit Hilfe der Waage, des Mischkessels, der Knet- und Teigteilmaschine. Nachdem die Glut ausgeräumt ist, wird der Teig – Laibe, Wecken usw. – mit sogenannten Schiesseln in den Backofen geschossen. Das sind lange Holzstangen mit Schaufeln an der Spitze.

„Das Holzofenbrot aus reinem Natursauerteig ist ein Geheimtipp", bekräftigt Franz Grabmer, der Pächter der Stiftsbäckerei. Der Betrieb wird nicht ausgeweitet, sondern bleibt so, wie er ist. Wie viel an einem Tag abgesetzt wird, hängt auch vom Wetter ab“, schmunzelt Kurt Michelmayr. „Wenn es regnet, stürmt oder schneit, geht das Geschäft nicht so gut. Und noch eines: Überschüssige Mengen werden an Sozialmärkte geliefert.“ Die Benediktinermönche bekommen natürlich täglich einen Laib Schwarzbrot. „Es kommt aber auch ein anderer Bäcker mit seinem Sortiment“, räumt Kurt Michelmeier ein. „Die Patres wollen halt dann und wann auch ein Salzstangerl, ein Vollkornbrot usw. essen.“ Und nach einer Gedankenpause. „Im Kloster ist es eben wichtig, dass Essen und Trinken Leib und Seele zusammenhalten.“

SEELSORGE UND GEMEINSCHAFT

Der neue Abt Bruno Becker der Erzabtei St. Peter wurde erst im April 2009 gewählt. „Seine Ziele sind Seelsorge und Gemeinschaft“, erklärt der Geschäftsführer der Stiftskämmerei, Magister Georg Stadler. Nun, da hat er mit seinen 23 Mitbrüdern viel zu tun. Denn sie betreuen außer dem Stift die Wallfahrtskirche von Maria Plain, einige Pfarren – in Abtenau, Annaberg, Rußbach, Grödig und früher auch in Wien-Dornbach. Die Pfarre wurde zwar der Erzdiözese Wien zurückgegeben, aber der bekannte Heurige wird vom Stift weitergeführt. Das Kloster betreibt Weingüter, die Aiglhof-Gärtnerei, Land- und Forstwirtschaft, den Fachverlag St. Peter, der auf Kirchenführer spezialisiert ist, den ältesten Stiftskeller usw. „Wir haben auch in den sozialen Wohnbau investiert, vermieten Wohnungen an förderungswürdige Familien“, so Georg Stadler. „Es ist unserem Haus ein Anliegen, dass spirituelle Ziele übergeordnet sind.“

St. Peter ist eines der ältesten bestehenden Klöster im deutschen Sprachraum. Es wurde vom heiligen Rupert 696 zur Missionierung des Südostens Europas gegründet. Die Bibliothek kann sich sehen lassen: 800 Handschriften – die kostbarste davon: das Verbrüderungsbuch, 784 von Bischof Virgil angelegt. Weiters Inkunabeln, Frühdrucke, 100.000 Werke über benediktinisches Mönchtum, mittelalterliche Kirchengeschichte, Kunstgeschichte.

Die Stiftskirche: Zwiebeltürme, Kreuzrippengewölbe in der Vorhalle, kunstvolles Schmiedeeisengitter, der Maria-Säul-Altar, das Altarbild des Kremser Schmidt „Fürbitten der Apostel Petrus, Paulus und des heiligen Benedikts vor Maria", Malereien über die acht Seligkeiten und Engelsdarstellungen. Und das Grab des heiligen Rupert mit römischem Sarkophag und gotischem Grabstein. In der Stiftskirche Sankt Peter wurde auch Musik geschrieben. Die c-Moll-Messe von Wolfgang Amadeus Mozart wurde hier am 26. Oktober 1783 erstmals gespielt.

EINE DER LETZTEN ZEITZEUGINNEN

Erste Sonnenstrahlen brechen durch die Nebeldecke über der Donau. Tauchen das Augustiner-Chorherrenstift Klosterneuburg in rötliches Licht. Schlanke Kirchtürme, ausladende Kuppeln, von grüner Patina überzogen. Mit dem österreichischen Erzherzoghut, der Krone des Heiligen Römischen Reiches. Kaiser Karl VI. wollte hier nach spanischem Vorbild einen zweiten Escorial errichten. Königspalast und Kloster als kommunizierende Gefäße in einem Komplex. Aber es blieb nach dem überraschend frühen Tod des Monarchen ein Torso. Seine Tochter Maria Theresia ließ die Bauarbeiten abbrechen. Sie bevorzugte das Schloss Schönbrunn, die Kopie des französischen Versailles.

Auf dem Deckenfresko der Stiftsbibliothek Klosterneuburg Pallas Athene – die Göttin der Weisheit. Ringsum Bücherregale mit 250.000 Bänden: Leopoldsbibel, Handschriften, Wiegendrucke, Inkunabeln. Der Kirchenhistoriker Pater Floridus Röhrig zeigte mir im Stiftsarchiv Erinnerungstücke an den Augustiner-Chorherr Roman Scholz, der 1944 hingerichtet worden war: Brevier, politisches Testament, Abschiedsbriefe – in steiler, eigenwilliger Schrift. „Ohne Gottes Gnaden wäre es nicht leicht zu tragen. Vergnügen ist der Henkerstod ja keines", schrieb der Gründer der größten österreichischen Widerstandsbewegung gegen das NS-Terrorregime.

Sie ist eine der letzten noch lebenden Zeitzeugen, die diese Tragödie hautnah miterlebt haben: die pensionierte Englisch-, Deutsch- und Musikprofessorin Grete Huber-Gergasevics, 86. Verheiratet, dreifache Mutter und Großmutter: weißhaarig, schlank, mit wachen Augen, in einem grauen Kostüm. Ihre Wohnung liegt nur wenige Kilometer von Stift Klosterneuburg entfernt. Das Wohnzimmer im ersten Stock: mit Notenständer, Klavier, Cello, Goethebild, Kredenz. Hier schrieb sie an einem Tisch ihre Erinnerungen an Roman Scholz mit dem Kugelschreiber nieder. „Bisher 200 Seiten in schöner Handschrift, die der Historiker Pater Floridus Röhrig wie eine Zeitung lesen konnte", erzählte die Professorin. Sie diktierte die Aufzeichnungen einer Mitarbeiterin des Klosters direkt in den Computer für den „Stifts"-Verlag. Dessen Leiter ist Peter Schubert, der mit Starfotograf Harry Weber das berührende Buch „Spuren des Judentums in Österreich" veröffentlicht hat.

Ich saß Grete Huber-Gergasevics auf der Veranda ihrer Wohnung gegenüber: Sesseln, Tisch mit geblümtem Tischtuch Azaleenstock, Stiefmütterchen. „Roman Scholz war mein Religionsprofessor im Klosterneuburger Gymnasium", erzählte sie. „Mit ihm wurden Mitte Juli 1940 viele meiner Freunde von der Geheimen Staatspolizei verhaftet – auch mein Cousin Viktor Aigner."

ROMAN SCHOLZ UND DIE ÖSTERREICHISCHE FREIHEITSBEWEGUNG

Roman Scholz – die Geschichte eines Saulus, der zum Paulus, ein NS-Sympathisant, der zum entschiedenen NS-Gegner wurde. Er trat 1930 als Novize den Augustiner-Chorherren in Klosterneuburg bei. Wurde 1936 zum Priester geweiht, als Kaplan, Religionsprofessor und Hochschuldozent eingesetzt. „Seine Mitbrüder beurteilten ihn aber zwiespältig", so Floridus

Röhrig. „Einerseits als überdurchschnittlich intelligent, anderseits als Sympathisant für die NS-Bewegung!" Doch davon sollte Roman Scholz 1936 beim Nürnberger Reichsparteitag gründlich kuriert werden. Hitler-Kult, Massenhysterie, Antisemitismus widerten ihn an, stießen ihn ab. Nach der Okkupation Österreichs 1938 versuchte sich Kardinal Theodor Innitzer mit dem NS-Regime zu arrangieren, um zu retten, was zu retten war – auch mit dem Hitler-Gruß zum Entsetzen von Papst Pius XI. Die NS-Bonzen brachen alle Versprechen, sperrten Kirchen, enteigneten Klöster, verboten den Religionsunterricht an den Schulen usw. „Nur Jesus ist unser Führer", rief Kardinal Theodor Innitzer 10.000 Jugendlichen bei der Rosenkranzfeier am 7. Oktober 1938 im Stephansdom zu. Einen Tag später stürmte die Hitlerjugend das Erzbischöfliche Palais bzw. das Churhaus, stürzte den Domkuraten Johannes Krawarik aus dem Fenster und zerschlug das gesamte Mobiliar mit Messingstangen.

Der Augustiner-Chorherr Roman Scholz, der jetzt die Zeichen der Zeit klar erkannte, gründete die „Österreichische Freiheitsbewegung". „Nicht um Gewalttaten zu verüben, sondern über die NS-Gefahren aufzuklären", versichert Floridus Röhrig. Aber ein Angehöriger der Widerstandsgruppe drängte immer stärker darauf, Anschläge zu verüben. Etwa auf den Leopoldauer Gasometer: Burgschauspieler Otto Hartmann, ein Chargendarsteller, der sich das Vertrauen von Roman Scholz erschlichen hatte. Er war ein Agent Provocateur der geheimen Staatspolizei Gestapo. Lieferte seine Freunde so zynisch ans Messer, dass selbst Gestapo-Schergen Abscheu empfanden. „Da kommt das Schwein schon wieder", rief der abgebrühte Kriminalrat Johann Sanitzer. Am 22. Juli setzte schlagartig die Verhaftungswelle ein. Otto Hartmann führte die Polizisten höchstpersönlich zu den Wohnungen, Verstecken der Angehörigen der Widerstandsgruppe. Roman Scholz und 150 seiner Freunde landeten im Gefängnis. Er schrieb nach drei qualvollen Verhörtagen auf einen abgerissenen, blutverschmierten Zettel ein Gedicht, das aus der Gefängniszelle herausgeschmuggelt werden konnte.

GEBETE AUS DEM KERKER

Du bist die Kraft, durch die ich alles trage.
Du bist die Wahrheit, die ich mutig sage.
Du bist das Leben, das ich sühnend gebe.
Du bist der Tod, aus dem ich ewig lebe.

„Das war eines seiner schönsten Gedichte", sagt Grete Huber-Gergasevics auf der Veranda ihrer Wohnung in Klosterneuburg. „Die Verhaftungswelle 1940. Wir wussten nur, dass Roman Scholz und mein Cousin Viktor Aigner in Duisburg-Hamborn inhaftiert waren." Nach einer Gedankenpause: „Und dessen Mutter ersuchte mich, sie auf der langen Bahnreise dorthin zu begleiten."

Der Augustiner-Chorherr schrieb im Gefängnis Gedichte über Berge, Heimat, Gefängnis, Tod und Gott", so die Professorin. „Aber auch Theaterstücke, wie über Francisco Pizarro, der im Macht- und Goldrausch zum Verbrecher wird. Eine Parallele zu Hitler. Und er entwarf eine neue Weltordnung, die eine gerechtere Aufteilung der Bodenschätze, die Einberufung eines Weltgerichtshofes usw. vorsah." Grete Huber-Gergasevics fuhr immer wieder per Bahn nach Duisburg-Hamborn, brachte Obst, Gemüse, Fruchtsäfte mit. Bekam entweder von Roman Scholz oder verständnisvollen Justizwachebeamten, wie Franz Beusch, Gedichte zugesteckt – die, den Tod vor Augen, in der Haft geschrieben wurden:

Gnade

Das Loch, in dem ich lebe, ist so eng.
Die Luft, von der ich atme, ist so dumpf.
Und alles, was ich mir ersinn und denk,
macht meine Seele maßlos müd und stumpf.

Irrsinnig langsam tropft die Zeit,
Minute um Minute, in das Leer.
Und grauer, größer, glurrender legt das Leid
sich – mit Riesenmahr – auf mich. Ich kann nicht mehr!

Ich stöhne auf, zerkrampft von Weh und Wahn.
Und stürze, allen schwarzen Tiefen zu …
Da fängt's den Fall. Und ruhig weht's mich an.
Und in der Ruhe, stummer Freund, bist Du!

Ich werde immer bei euch sein

Du gehst,
der letzte Mensch,
der meine Einsamkeit
mit einem freunden Wort erhellt.

Du gehst
ins Leben heim.
Und deine Sehnsucht darf
sie trunken fassen, jene reiche Welt.

Du gehst.
Und mich umfängt
noch finsterer die Nacht.
Ich bin mit Gott und meinem Leiden allein.

Du gehst.
Was von mir bleibt
begleitet dich hinaus
und wird für alle Hinkunft um euch sein.

Ein Schauspiel. Und der Silberschrein
mit schönen Gemmen edeler Gedichte.
Gelebte Träume, die ich euch erzähle.

Ich werde immer bei euch sein.
Dass euren Sinn ich nach den Sternen richte.
In meinen Versen habt ihr meine Seele.

Ende 1943 wurde der Augustiner-Chorherr ins Straflandesgericht Wien zurückverlegt und wegen Hochverrats angeklagt. „Dass man meinen Tod will, ist zur völligen Gewissheit geworden", schrieb er an Grete Huber-Gergasevics. In böser Vorahnung fügte er noch hinzu: „Der Prozess wird die widerlichste Justizkomödie." Und so war es auch. „Alles rot ausgeschlagen. Richter, Beisitzer, Staatsanwalt in roten Talaren", erinnert sich die Professorin.

Am 10. Mai 1944 war es dann so weit: Roman Scholz bereitete sich in der Todeszelle auf sein Ende vor: „Das Menschliche in mir weint um das verlorene Leben. Das Heilige in mir regt sich zum Flug ins große Licht." Knapp vor seiner Hinrichtung durch das Fallbeil sagte er noch, so vom Beichtvater überliefert: „Für Christus und Österreich."

MAN LIEBT DEN VERRAT – NICHT DEN VERRÄTER

Was aus dem Denunzianten Otto Hartmann wurde? Das Burg-Ensemble weigerte sich, mit ihm noch einmal aufzutreten. Burg-Direktor Lothar Müthel verlängerte seinen Schauspieler-

Vertrag nicht mehr. Mit der Begründung, Otto Hartmann sei ein Nichtskönner, ein widerlicher Spion. Der Gauleiter von Wien, Baldur von Schirach, akzeptierte das.

Otto Hartmann tauchte nach Kriegsende unter, wurde aufgegriffen und zu lebenslanger Haft verurteilt, aber schon wenige Jahre später begnadigt.

Was in dem Buch von Grete Huber-Gergasevics Neues zu entdecken ist? Sie schreibt über die Jugend von Roman Scholz, veröffentlicht Kassiber, die aus dem Gefängnis geschmuggelt wurden, und berichtet über sein Leben hinter Kerkermauern. „Es ist der Versuch einer Biografie", sagt sie bescheiden. Generalabt Bernhard Backovsky hat sie ersucht, völlig unbeeinflusst eine Biografie zu schreiben. „Das ist schwer", stöhnt Grete Huber-Gergasevics leicht verzweifelt auf. „Ich war in die Causa so stark involviert."

VON DER SAGENUMWOBENEN GRÜNDUNG ZUM HEUTIGEN STIFT

Es ist nur eine Legende. Aber eine mit viel Poesie. Der Schleier von Markgräfin Agnes wurde vom Winde verweht. Und nach neun Jahren völlig unversehrt wieder gefunden. Grund genug für ihren Gemahl, Leopold III., sein Gelübde einzulösen. Er errichtete vor 900 Jahren an der Stelle, an welcher der Schleier wieder gefunden wurde, das Stift Klosterneuburg.

Viel Wasser ist inzwischen die Donau hinuntergeflossen. Aber das Kloster, die Augustiner-Chorherren haben sich als Fels in der Brandung erwiesen. Und Kulturschätze von unermesslichem Wert über Jahrhunderte bewahrt, gerettet: den Verduner Altar aus dem Jahr 1181 mit feuervergoldeten Emailtafeln, die Sala terrena mit acht riesigen Atlanten, den imposanten siebenarmigen Bronzeleuchter aus dem Jahr 1136, den Babenberger Stammbaum mit allen Familienmitgliedern, den Altar des Albrechtsmeisters mit einem ersten Blick auf den Stephansdom, das mittelalterliche Wien, das Schreibzeug des heiligen Leopold – und ein Klosterneuburg-Gemälde von Egon Schiele.

Es gibt derzeit 47 Augustiner-Chorherren aus acht Ländern in Klosterneuburg, die 27 Pfarren in Wien und Niederösterreich betreuen. In schwarzem Talar mit weißem Band – dem sogenannten Sarrozium.

Unter Propst Bernhard Backovsky werden grundsätzlich bestimmte Sozialprojekte, nicht aber Organisationen unterstützt: So vor allem das Projekt „Ein Zuhause für Straßenkinder“ von Pater Georg Sporschill in Rumänien, der Ukraine und der Moldau. Er holt die Kinder etwa in Bukarest aus den U-Bahnschächten, aus Abwasserkanälen oder von Müllhalden. Gibt ihnen ein neues Heim. Ganz im Sinne seines Ordensgründers Ignatius von Loyola (Jesuiten): „Legt die Liebe mehr in Taten als in Worte.“ Nach dieser Formel wird Straßenkindern auch in Honduras mit Rat und Tat beigestanden, in Indien durch Sozialzentren, eine eigene Schule für Waisenkinder und im Sudan mit medizinischer Hilfe – der Finanzierung eines Operationssaales usw.

„ÖSTERREICH – KLÖSTERREICH“

Die Freyung 6 im Herzen der Wiener Innenstadt. Ein Klosterladen, ein Museum der Schotten. Im Hof rechts eine Gedenktafel, die an die Gründung der ÖVP 1945 erinnert. Im zweiten Stock das Büro der „Superiorenkonferenz der männlichen Ordensgemeinschaften“. „Ihr gehören die 85 Ordensoberen (Provinziale, Äbte, Pröpste) an“, erklärt Generalsekretär Pater Erhard Rauch. In seinem Zimmer: Kruzifix, Marienikone, Auferstehungsgemälde, Biedermeiermöbel, Schreibtisch, Sitzecke, Mineralwasser. „Hier wird die Zusammenarbeit der Orden und Klöster koordiniert, deren Interessen gegenüber Staat, Gesellschaft und Wirtschaft vertreten“, so Pater Erhard Rauch, der dem Salvatorianerkolleg St. Michael angehört. Vorsitzender Propst Maximilian Fürnsinn beim 50. Bestandsjubiläum der Superiorenkonferenz: Die Gemeinsamkeit garantiert „katholische Weite und Offenheit“, bedeutet „Vielfalt statt Eintopf“. Und Kardinal Christoph Schönborn bezeichnete die Orden als „Zeichen eines alternativen Lebensstils. In einer orientierungslosen Gesellschaft, in der Egoismus, Geld und Macht dominieren, zeigen die Orden neue Wege, neue Hoffnungen auf, die über diese Welt hinausreichen.“ Sebastian Bock von den „Ordensnachrichten“ analysierte die derzeitige Situation mit viel Tiefe und Schärfe.

TRÄGER VON GLAUBE UND KULTUR

Im Rückblick auf die über tausendjährige Geschichte Österreichs nehmen seine Stifte und Klöster als geistige, kulturelle und wirtschaftliche Zentren eine überragende Stellung ein. Österreich ist als „Klösterreich" durch die seit Jahrhunderten bestehenden Stifte der monastischen Orden (Benediktiner, Zisterzienser, Augustiner-Chorherren, Prämonstratenser-Chorherren) in einmaliger Weise bestimmt. Hier wurde über Jahrhunderte das Christentum gelebt und geprägt. Architektur, bildende Kunst, Musik, Literatur, Wissenschaft und Lehre, Buchdruck und Bibliothekswesen verschmolzen zu einem Gesamtkunstwerk.

Stift Rein bei Graz ist weltweit das älteste noch bestehende Zisterzienserkloster, Stift Admont verfügt über die weltgrößte Klosterbibliothek. Und an das im Jahr 714 gegründete Benediktinerinnenstift Nonnberg, das weltweit älteste durchwegs bewohnte Nonnenkloster überhaupt, wagten sich nicht einmal die Nazis heran. Die Kommende Mailberg (bei Hollabrunn) ist die älteste bis heute noch bestehende Niederlassung des weltweit agierenden Malteserordens. Aber auch die über 50 nach Provinzen gegliederten Orden wie Franziskaner und Jesuiten verfügen in Österreich über eine durchaus ansehnliche und verdienstvolle Geschichte. Und wer weiß schon, dass die Barmherzigen Brüder in ihrer Ambulanz in Wien jährlich 110.000 Menschen gratis behandeln, weil diese nicht krankenversichert sind!

DIE MÄNNERORDEN HEUTE

Derzeit sind neben einigen kleinen diözesanen Gemeinschaften in Österreich 85 selbstständige männliche Ordensgemeinschaften mit 31 Stiften und 285 klösterlichen Niederlassungen vertreten. Zusammengefasst sind sie in der 1959 gegründeten

Superiorenkonferenz der männlichen Orden Österreichs, die auch die Zusammenarbeit mit den Frauenorden koordiniert.

Die Arbeitsfelder der Orden in Österreich sind so vielfältig wie das kirchliche Leben: Pfarrseelsorge, Jugendarbeit, Schulunterricht, Bildungsarbeit, Dienste im Krankenhaus, in der Sozialarbeit und in der Mission. Die Stifte haben die rechtliche und pastorale Verantwortung für 422 „inkorporierte" Pfarren. Weitere 190 Pfarren sind Ordensgemeinschaften anvertraut, sodass rund 40 Prozent aller Pfarren in Österreich von Ordenspriestern betreut werden. Allein sechs Mitglieder der österreichischen Bischofskonferenz kommen aus Ordensgemeinschaften. Das Bild der Kirche von Österreich wurde durch die Präsenz der Orden entscheidend geprägt.

In allen Bereichen liegen große Aufgaben und große Chancen, um die sich zurzeit in Österreich 2223 Ordensmänner mühen, darunter 1710 Ordenspriester, 294 Ordensbrüder, 125 Kleriker-Studenten und 50 Novizen. Nur zum Vergleich die Ordensfrauen in Österreich: 554 Niederlassungen. 4685 Nonnen, 37 Novizinnen, 26 Postulanten bzw. Kandidaten. So zumindest der Stand vom 31. Dezember 2008.

AUFGABEN UND HERAUSFORDERUNGEN

Die historisch gewachsene Verflechtung mit pfarrlichen und wirtschaftlichen Aufgaben begründet eine starke Verankerung vor allem der monastisch geprägten Orden im kirchlichen und gesellschaftlichen Leben Österreichs. Nach wie vor wirkt diese Lebensform anziehend auf junge Menschen. So vermeldet das Zisterzienserkloster Heiligenkreuz im Wienerwald mit 81 Mitbrüdern einen Höchststand seit 200 Jahren. Ihre CD mit Gregorianischen Gesängen hat die Mönche weltweit bekannt gemacht. In Bochum-Stiepel entstand 1988 eine Tochtergründung. Auch andere österreichische Stifte haben in den letzten Jahrzehnten Neugründungen außerhalb Österreichs gewagt, vor allem nach dem Fall des Eisernen Vorhangs in Osteuropa. In der Erzdiözese Wien selbst haben sich in den letzten 20 Jahren rund 20 verschiedene, meist neu gegründete Ordensgemeinschaften niedergelassen.

BILDUNGS- UND ERZIEHUNGSWESEN

Die Orden mit Schwerpunkten im Bildungs- und Erziehungswesen wie Universität, Bildungshäuser, Gymnasien, Internate stehen hingegen vor wirtschaftlichen und personellen Problemen. Die Männerorden in Österreich unterhalten 17 Bildungshäuser. Derzeit besuchen in Österreich rund 65.000 Schülerinnen und Schüler eine der 324 katholischen Schulen, die überwiegend von Orden geleitet werden. Um ihrer Sendung und Berufung auch unter den erschwerten Umständen eine Zukunft zu sichern, suchen sie nach alternativen Trägerformen. Hinzu kommt, dass die Zahl der Schüler an katholischen Privatschulen trotz generell sinkender Kinderzahl steigt und manche Schulen Höchstzahlen melden. 1993 wurde im Rahmen der Superiorenkonferenz die „Vereinigung von Ordensschulen" gegründet. Ihr gehören zurzeit 17 Schulen an. Die erste Schule, die 1994 von dieser Vereinigung übernommen wurde, war das Kollegium Kalksburg am südlichen Stadtrand von Wien.

KRANKENDIENST

Der unmittelbare Krankendienst wird auf Seiten der Männerorden fast ausschließlich durch die Brüder des Hospitalordens der Barmherzigen Brüder ausgeübt. Die 23 Brüder in Österreich unterhalten zusammen mit 4.400 Angestellten zehn Gesundheitseinrichtungen mit jährlich über 100.000 stationären Aufenthalten. Grundsätzlich kämpfen die in der „Arbeitsgemeinschaft Ordensspitäler" vertretenen Krankenhausträger freilich um ihre Existenz. Mit rund 20 Prozent aller Spitalsbetten Österreichs erfüllen sie einen unverzichtbaren öffentlichen Auftrag und haben eine hohe gesellschaftliche Anerkennung. Dennoch erhalten sie für die von ihnen erbrachten Leistungen nach wie vor nur eine geringere Abgeltung und müssen jährlich Millionenbeträge zuschießen, während bei den öffentlich-rechtlichen Krankenanstalten der Abgang von der öffentlichen Hand gedeckt wird. Seit Jahren fordern die Orden – vergeblich – eine leistungsgerechte Finanzierung für ihre Spitäler.

MISSIONSAUFGABEN

Auch die Missionsorden stehen heute vor großen Herausforderungen. Noch immer arbeiten 187 Missionare aus Österreich in der Dritten Welt. Große materielle Hilfeleistungen seitens der Orden tragen den kirchlichen Aufbau in den Ländern des Südens und seit 1989 auch in den osteuropäischen Ländern wesentlich mit. Die geringen Zahlen an neuen Berufungen und die wachsenden Aufgaben in Österreich machen es kaum noch möglich, so wie früher Missionare in die Dritte Welt zu entsenden. So wurden in den über hundert Jahren, die das Missionshaus der Steyler Missionare in St. Gabriel besteht, mehr als zweitausend Missionare ausgesandt. Andererseits schaffen es neue Initiativen, wie der von den Salesianern Don Boscos gegründete Verein „Jugend Eine Welt", junge Menschen für einen Missions- und Sozialeinsatz in anderen Ländern zu begeistern. Schon in den ersten zehn Jahren seines Bestehens hat dieser Verein über 450 Projekte unterstützt und rund 250 junge Menschen bei einem Auslandseinsatz begleitet.

JUGENDARBEIT

Auch die Jugendarbeit ist in Österreich ein Schwerpunkt der Ordensgemeinschaften. Die Anforderungen kommen nach wie vor aus den bisher betreuten Arbeitsfeldern wie Schulen, Internaten, Lehrlingsheimen und Pfarrgemeinden. Beim jährlich stattfindenden „Herzogenburger Kindersommer" etwa kommen 15.000 bis 18.000 Kinder zusammen. Eine besondere Sensibilität für das franziskanische Ideal zeigt sich vor allem bei jungen Menschen. Jugendarbeit ist daher gerade für jene Orden eine Herausforderung, die von diesem Charisma geprägt sind und daraus leben wie die Franziskaner, Kapuziner und Minoriten.

NEUE ANGEBOTE

Mit Initiativen wie „Kloster auf Zeit", „Urlaub im Kloster", Wanderexerzitien, Klostermärkten, Internet-Auftritten usw. versuchen die Orden, verstärkt auf ihr spirituelles Angebot aufmerksam zu machen und suchenden und rastlosen Menschen „Orte der Ruhe und geistlichen Tiefe" anzubieten. Dazu zählt auch die 1999 gegründete, höchst erfolgreiche Tourismus-Initiative „Klösterreich", in der 20 Klöster und Stifte auch über die Grenzen Österreichs hinaus zusammenarbeiten, den Blick hinter die Klostermauern erlauben und „Erlebnisse für Leib und Seele" anbieten.

DAS KLOSTER-ABC

Abt (bei den Augustiner-Chorherren: Propst): Vorsteher einer klösterlichen Gemeinschaft, der heutzutage meist auf einen bestimmten Zeitraum gewählt wird. So wurde kürzlich Propst Maximilian Fürnsinn, 69, des Stiftes Herzogenburg für weitere zehn Jahre bestätigt.

Abtpräses: Der auf Zeit gewählte Vorsteher einer Kongregation wie etwa der Benediktiner

Abtei (Priorat, Propstei): Das sind Klöster, denen ein Abt vorsteht. Benediktiner- und Zisterzienserklöster mit mehr als zwölf Mönchen werden fast automatisch zu Abteien erhoben. Ist das Kloster kleiner, nennt man es Priorat. Die Mönche sind durch das Gelübde der Beständigkeit (stabilitas) an ihre Abtei gebunden. Sie ist „exemt", untersteht also nicht dem Bischof, sondern dem Papst.

Brevier: Stundenbuch in handlicher Form

Bruder, Frater, Pater: Das lateinische Wort „frater" bedeutet auf Deutsch Bruder. Es ist von Kloster zu Kloster unterschiedlich, welche Anrede gebraucht wird. Mönche, die Priester sind, werden als Pater angesprochen. Die Rangordnung unter den Mönchen richtet sich nicht nach dem Studium oder Alter, sondern nach dem Zeitpunkt des Eintritts.

Dogma: Geoffenbarte Glaubenswahrheit

Dormitorium: Schlafsaal

Emerit: Einsiedler

Eucharistie: Durch die Eucharistiefeier, die heilige Messe, wird die Erinnerung an das Letzte Abendmahl wach gehalten. Sie ist sicher als der Höhepunkt des klösterlichen Alltags zu betrachten. Es gibt Abstufungen in der Feierlichkeit, die von einer rezitierten Messe ohne Gesang, über ein feierliches Amt oder Hochamt, ein Pontifikalamt mit Bischof oder Abt bis zu einer Papstmesse reichen. Wenn mehrere Priester die Messe feiern, spricht man von Konzelebration.

Habit: Das Ordensgewand, das in jeder Gemeinschaft seit Jahrhunderten in Regeln, Satzungen festgeschrieben ist. Die Franziskaner, wie etwa jene in Maria Enzersdorf, tragen einen braunen Habit mit Kapuze, weißem Strick und braunem Umhang. Die Zisterzienser wiederum eine weiße Tunika mit schwarzem Skapulier (bodenlanger Schulterstreifen) und schwarzem Gürtel (Zingulum). Beim Gebet tragen sie eine Kukulle, auch „Flocke" genannt. Das ist ein weißes, wallendes Gewand mit langen Ärmeln.

Horen: die einzelnen Gebetszeiten – lateinisch „hora": die Stunde. Etwa bei den Benediktinern in Melk: Morgenhore um 6.30 Uhr, Mittagshore um 12 Uhr, Abendhore um 18 Uhr: Die Mönche beten, singen, schweigen gemeinsam im Chorgestühl der Ordenskapelle. Oder im Zisterzienserstift von Rein bei Graz, wo die Mittagshore auch im Sommerchor der Stiftskirche gleich neben der Orgel abgehalten wird.

Insignien: Amtszeichen eines geistlichen Würdenträgers wie etwa des Abtes – Mitra, Bischofsstab usw.

Kapitel: Versammlung der stimmberechtigten Mitglieder – etwa eines Stiftes –, die die feierliche Profess abgelegt haben

Klausur: abgeschlossener Bereich in einem Kloster

Kloster: Dieser Begriff leitet sich vom lateinischen Wort „claudere" ab, was so viel wie „schließen" bedeutet. Der heilige Benedikt hat in seinen Regeln verankert, dass die Klöster möglichst selbstständig sein sollen, also ausgestattet mit Wasser, Mühle, Obst- und Gemüsegarten, Werkstätten usw., damit sich die Mönche nur wenig außerhalb aufhalten. Das ist heute längst überholt. Man braucht nur daran zu denken, wie viele Ordensmänner Pfarren betreuen.

Konvent: Gesamtheit der Mitglieder eines Klosters

Komplet: Nachtgebet

Kukulle: Weites, wallendes Gewand mit langen Ärmeln

Laudes: Morgenlob

Liturgie: gottesdienstliches Geschehen

Mönche – Armut, Keuschheit und Gehorsam: Ursprünglich suchten sie die Einsamkeit, waren Einsiedler. Heute sind noch Reste davon in der Mönchsrepublik Athos zu finden (siehe: Heinz Nussbaumer, „Der Mönch in mir"). Aber seit Jahrhunderten dominieren die Mönchsgemeinschaften: Benediktiner, Augustiner-Chorherren, Zisterzienser, Prämonstratenser, Kapuziner, Dominikaner usw.

Noviziat: Der Kandidat für den Ordenseintritt muss erst eine Probezeit, das Postulat, bestehen. Dann erfolgt die sogenannte Einkleidung, die feierliche Bekleidung mit dem Ordensgewand. Damit beginnt das Noviziat, der Versuch, sich im klösterlichen Leben zurechtzufinden, zu behaupten; es dauert in der Regel ein Jahr. Der Novize muss lernen, nach dem Grundsatz des heiligen Benedikt zu leben: „Ora et labora" (Bete und arbeite).

Orden: Es gibt in Österreich derzeit 85 männliche Ordensgemeinschaften mit 31 Stiften, 285 klösterliche Niederlassungen und 2223 Ordensmännern. Nur zum Vergleich die Ordensfrauen: 554 Niederlassungen, 4685 Nonnen. Die Aufgabengebiete: Pfarrseelsorge, Jugendarbeit, Schulen, Spitäler, Altenheime, Sozialarbeit. Heiligenkreuz führt die einzige Ordenshochschule Österreichs.

Ordinarium: die immer gleichen Gesänge jeder heiligen Messe: Kyrie (Gloria), (Credo), Sanctus und Agnus Dei

Passion: Leiden Jesu Christi

Patrozinium: Fest des heiligen Schutzpatrons einer Kirche oder eines Klosters

Pileolus: Käppchenartige Kopfbedeckung hoher Geistlicher – der Papst trägt zum Beispiel einen weißen.

Pontifikalien: die Würdenzeichen Stab und Mitra, die Bischöfe und Äbte bei der Liturgie tragen

Primiz: Die erste Messe, die ein neuer Priester zelebriert – in der Regel in seiner Heimatgemeinde
Prior: Stellvertreter der Abtes
Propst: Vorsteher eines Chorherrenstiftes
Profess 1: Der Mönch weiht sein Leben Gott, bindet sich für immer an das Kloster, den Orden. Erst zeitlich begrenzt, sodass er sich noch einmal gründlich prüfen kann, dann feierlich auf ewig. Die Benediktiner und Zisterzienser legen die Gelübde Gehorsam (oboedientia), Ortsbeständigkeit (stabilitas) und klösterlicher Lebenswandel (conversatio morum) ab. Die Profess wird zuerst auf drei Jahre abgelegt (Zeitliche Profess), erst danach bis zum Tod (Feierliche Profess), was eine Art Hochzeit mit Gott ist.
Profess 2: Der Zisterzienserpater Karl Wallner zitiert in seinem Buch „Im Zeichen des Kreuzes“ das 58. Kapitel der Benediktregel zur Profess. Noch im Oratorium ziehe man dem neuen Bruder die eigenen Sachen aus – und die des Klosters an. Die Privatsachen seien in der Kleiderkammer bis auf weiteres aufzubewahren. Mit der Begründung: Sollte der neue Mitbruder den „Einflüsterungen des Teufels“ nachgeben und das Kloster verlassen, ziehe man ihm die Sachen des Ordens aus und entlasse ihn.
Psalm: Gebet aus dem Buch der Psalmen im Alten Testament
Refektorium: Speisesaal in einem Kloster
Responsorium: Antwortgesang
Skapulier: bodenlanger Schulterstreifen, Teil des Ordensgewandes
Stundenbuch: Brevier, liturgisches Buch für das Stundengebet
Tunika: das lange weiße Gewand des Habits
Visitation: Geistliche Vorgesetze (Bischöfe, Äbte) besuchen Pfarren, Klöster – in Erfüllung ihrer Aufsichtspflicht.
Vesper: Feierliche Abendhore
Superior: Oberer wie etwa Pater Karl Schauer in Mariazell
Zingulum: Gürtel des Ordensgewandes
Zölibat: Ehelosigkeit

PERSONENREGISTER

LITERATURNACHWEIS

Joachim Angerer und Gerhard Trumler: „Klösterreich“, Verlag Christian Brandstätter

Egbert Peter Michael Bernauer: „St. Florian in der NS-Zeit“, Wagner Verlag

Altabt Dr. Burkhard Ellegast OSB, Univ.-Prof. Dr. Ernst Bruckmüller, Pater Dr. Athanas Horvath: „Geschichte des Gnadenortes Frauenkirchen“, Druck: Viktor Horvath

Dieter Kindermann: „Schicksalsmomente, wie Zeitzeugen sie erlebten. Österreich von der Ersten Republik bis heute“, Verlag Kremayr & Scheriau

Dieter Kindermann: „Kirche zum Schmunzeln und zum Nachdenken“, Verlag Kremayr & Scheriau

Reinhard Kriechbaum: „Klöster in Österreich“, Verlag Rosenheimer

Abt Clemens Lashofer: „Net dumm! Humor und Heiterkeit in Göttweigs Hallen“, Eigenverlag

Michael Lauble: „Klosterführer – Christliche Stätten der Besinnung im deutschsprachigen Raum“, Matthias-Grünewald-Verlag

Gregor M. Lechner OSB: „Benediktinerstift Göttweig“, Verlag Schnell & Steiner GmbH

Norbert Müller, Klaus Hubmann, Gottfried Allmer: „900 Jahre Zisterzienser – Musikschaffen im Stift Rein“, Eigenverlag

Hanspeter Oschwald und Mirko Milovanovic: „Zeit für Klöster. Orte der Ruhe und Besinnung“, Bruckmann-Verlag

Magister Dr. Bernhard Rittinger und Pater Bonaventura Pihan CP: „Maria Schutz am Semmering“, Verlag Fasch OHG

Martin Rotheneder OSB: „Stift Melk“, Eigenverlag

Walther Salvenmoser: „www.herrgottnocheinmal.at“, Superiorenkonferenz der männlichen Ordensgemeinschaften Österreichs

Roman Sandgruber, Hannes Etzlstorfer, Christoph Wagner: „Stift Schlierbach – Mahlzeit“, Denkmayr Druck & Verlag

Edith Sauer: „Die politischen Aspekte der österreichischen Bischofsernennungen“, Herold Verlag

Roman Karl Scholz: „Ich werde immer bei Euch sein“, Mayer & Comp. Verlag

Gerfried Sitar und Gerhard Trumler: „Die schönsten Klöster Österreichs“, Styria-Verlag

Donato Squicciarini: „Die Apostolischen Nuntien in Wien“, Libreria Editrice Vaticana

Propst Werner Thanecker: „Sind Sie echt? Heiter-besinnliche Erlebnisse aus 44 österreichischen Ordensgemeinschaften“, Verlag Mayer & Comp.

Propst Werner Thanecker: „Ist das Kloster noch besetzt? Heiter-Besinnliches rund um das Stift Reichersberg“, EOS-Verlag St. Ottilien

Eberhard Vollnhofer und Propst Werner Thanecker: „Geschlossen! Heiter-besinnliche Einblicke hinter bayerisch-österreichische Klostermauern“, Druck: H + S Druck

Pater Karl Josef Wallner, Rektor der Päpstlichen Hochschüler: „Im Zeichen des Kreuzes. Stift Heiligenkreuz“, Be&Be-Verlag

Pater Karl Wallner: Glossar zu „Der Gesang der Mönche“ – Random House 2009

Walter M. Weiss: „Niederösterreich. Geschichte und Kunst des österreichischen Kernlandes“, Dumont Kunst-Reiseführer